UNIVERSALE
ECONOMICA
FELTRINELLI / SAGGI

Carlo Cottarelli (Cremona, 1954), laureato a Siena e alla London School of Economics, dopo aver lavorato in Banca d'Italia ed Eni, dal 1988 al 2017 è stato nel Fondo monetario internazionale. È stato commissario straordinario per la revisione di spesa, nominato dal governo italiano, da ottobre del 2013 a novembre del 2014. Già direttore del nuovo Osservatorio sui conti pubblici dell'Università Cattolica di Milano, nel maggio del 2018 è stato incaricato dal presidente Mattarella di esplorare l'ipotesi di un nuovo governo. Ha scritto numerosi articoli e saggi accademici. Per Feltrinelli ha pubblicato: *La lista della spesa. La verità sulla spesa pubblica italiana e su come si può tagliare* (2015), *Il macigno. Perché il debito pubblico ci schiaccia e come si fa a liberarsene* (2016), *I sette peccati capitali dell'economia italiana* (2018) e *Pachidermi e pappagalli. Tutte le bufale sull'economia a cui continuiamo a credere* (2019).

“C’è solo un po’ di nebbia che annuncia il sole. Andiamo avanti tranquillamente.”

FRANCESCO DE GREGORI, *I muscoli del capitano*

Introduzione

Questo è un libro fuori moda. Meglio essere chiari, e che il potenziale lettore si regoli di conseguenza. È un libro che parla dei rischi cui l'Italia resta esposta, e dei costi che comunque affronta, per effetto del suo elevato debito pubblico. È un libro fuori moda perché ultimamente si sono sottolineati soprattutto i costi causati dalle politiche di austerità, quelle politiche volte proprio a ridurre il debito. Mi muovo controcorrente, non per negare che troppa austerità faccia male – ne sono pienamente convinto e l'ho sostenuto in passato – ma per evitare di cadere nell'eccesso opposto: pensare che il debito pubblico non sia un problema per l'Italia. Oppure pensare che il problema possa risolversi da sé, ignorandolo.

Il primo capitolo del libro descrive quanto è alto il debito pubblico italiano rispetto al suo passato e agli altri paesi, perché è cresciuto, da cosa è composto e chi lo detiene. I tre capitoli seguenti spiegano perché troppo debito pubblico fa male. Primo, un debito elevato espone l'Italia al rischio di una crisi sul mercato dei titoli di stato. Tutto a un tratto – per effetto di shock che possono colpire l'economia mondiale o semplicemente per il cambiamento nell'umore dei mercati finanziari –, lo stato potrebbe trovare difficile rinnovare i titoli che scadono. Non pensiamo troppo a questo rischio al momento perché navighiamo in acque tranquille: i tassi d'interesse sono bassi e i mercati sono anestetizzati dall'iniezione di liquidità da parte della Banca centrale europea. Non durerà per sempre. E quanto possa essere costosa una crisi sul mercato dei titoli di stato è apparso evidente nel 2011 e nel 2012 quando lo stato poteva finanziarsi soltanto a tassi d'interesse proibitivi e l'Italia sembrava sull'orlo della bancarotta. Con un debito alto restiamo esposti a crisi di questo genere, siamo schiavi dell'umore dei mercati.

Secondo, il debito pubblico agisce anche come zavorra rispetto alla crescita tendenziale dell'economia. Rallenta la crescita perché toglie risorse al settore privato o le rende disponibili a tassi d'interesse elevati che scoraggiano gli investimenti. Inoltre, un alto debito ci impedisce proprio di usare la leva fiscale per sostenere l'economia in caso di bisogno: lo abbiamo anche questo sperimentato nel 2011-2012.

Terzo, c'è un problema "morale": la cultura del debito è una cultura poco sana, soprattutto quando il debito è pubblico e sembra non appartenere a nessuno, mentre invece appartiene a tutti.

Ma non spaventatevi troppo. Nonostante la citazione di De Gregori all'inizio del libro, l'Italia non è il *Titanic*. Il suo destino non è segnato, purché ci rendiamo conto che davanti a noi abbiamo ancora pericoli e non solo nebbia che annuncia il sole. Infatti, la maggior parte del volume – i capitoli dal 5 al 13 – è dedicata a come si deve agire per ridurre il peso del debito pubblico senza farsi troppo male. Non sarà facile. Non esistono soluzioni miracolose. Occorreranno tempo e pazienza. Però ci si può riuscire, evitando cure troppo drastiche che potrebbero danneggiare al pari della malattia, ma evitando anche di illudersi che per guarire basti pensare di non essere malati. Il processo di aggiustamento dei conti pubblici è cominciato da tempo, anche perché "ce lo chiede l'Europa". Dobbiamo completarlo e non tanto perché "ce lo chiede l'Europa", ma perché è nel nostro interesse.

Ho cercato di scrivere un libro onesto, senza gonfiare ad arte gli argomenti e presentando anche le ragioni di chi ritiene che il debito pubblico non sia un problema o che esistano scorciatoie alla sua riduzione. Sull'argomento ci sono in giro troppi libri "strillati", non mi pare il caso di aggiungerne un altro. Il lettore giudicherà se sono stato comunque convincente.

Ho anche cercato di usare un linguaggio semplice, accessibile a tutti. Ma ci sono alcune definizioni che il lettore non avvezzo ai termini economici deve tener presente. Primo, il debito pubblico (lo definiremo più precisamente) è il totale di quanto le pubbliche amministrazioni hanno preso a prestito in passato. Secondo, ogni anno il debito pubblico cresce se c'è un deficit pubblico, cioè se c'è uno squilibrio tra spese ed entrate pubbliche (se voi spendete più di quanto guadagnate, il vostro debito aumenta per un pari ammontare). Terzo, l'espressione "politica fiscale" è usata per riferirsi sia a politiche di spesa pubblica sia a politiche di tassazione (il termine "fiscale" può trarre in inganno perché il termine "fisco" in Italia si riferisce alle tasse): è questo il significato normale che gli economisti danno al termine. Troverete altre definizioni, ma queste vi basteranno per iniziare. Spero che il libro possa essere interessante anche per chi ne sa un po' di più di economia. La semplicità del linguaggio nulla toglie al rigore del ragionamento.

Il libro è basato in buona parte sull'esperienza che ho acquisito al Fondo monetario internazionale. Deve molto quindi alle conversazioni con i miei ex colleghi del dipartimento di Finanza pubblica del Fondo, dipartimento che ho diretto dall'ottobre 2008 all'ottobre 2013. Vorrei anche ringraziare Antonio Bassanetti, Roberto Basso, Maria Cannata, Floriana Cerniglia, Valeria Miceli, Simonetta Nardin, Andrea Presbitero, Michalis Psalidopoulos per i commenti ricevuti.

Le idee espresse nel libro sono mie personali e non riflettono necessariamente quelle del Fondo monetario internazionale, né quelle delle autorità italiane.

I diritti d'autore saranno versati all'Unicef, come per il mio precedente libro (*La lista della spesa*). Per quest'ultimo, i versamenti che ho finora fatto, sulla base di una stima delle royalty ricevute e che dovrei ricevere nel 2016, sono ammontati a 17.719 dollari. Cito la cifra in dollari perché i versamenti sono stati eseguiti in questa valuta tramite il programma Giving Together del Fmi, che prevede che il Fondo incrementi del 50 per cento i contributi individuali. Inoltre, in occasione di una presentazione pubblica del libro avvenuta ad Ancona il 3 dicembre 2015, la Fondazione Marche ha versato all'Unicef 5000 euro (circa 5500 dollari). Quindi i versamenti complessivi all'Unicef derivanti da *La lista della spesa* sono finora ammontati a 32.078 dollari.

Dedico questo nuovo libro a Miria, Nicolò ed Elisa.

1.
Il debito pubblico italiano: una cifra astronomica...

> "Ci sono 10^{11} stelle nella galassia. Ci sembrava un numero enorme.
> Ma sono solo 100 miliardi. È meno del [debito] pubblico!
> Eravamo abituati a chiamarli numeri astronomici!
> Dovremmo chiamarli numeri economici."[1]
>
> RICHARD FEYNMAN

Al numero 1133 dell'Avenue of the Americas (la Sixth Avenue), all'incrocio con la Quarantaquattresima Strada, a Manhattan, si trova il National Debt Clock, un monitor che aggiorna, più o meno in tempo reale, l'ammontare del debito pubblico americano. Diversi siti negli Stati Uniti forniscono la stessa informazione (provate http://www.usdebtclock.org, per esempio). In Italia non c'è un contatore del debito pubblico che possiate vedere per strada (chessò, in via xx Settembre 97, a Roma, davanti al ministero dell'Economia e delle finanze), anche se l'Istituto Bruno Leoni ha messo in rete un contatore scaricabile.[2]

Ma quanto è grande il debito pubblico italiano, come è cresciuto nel tempo e chi lo detiene? Lo spiega questo capitolo, che è un po' noiosetto, ma è necessario per parlare in modo informato delle scelte di politica economica che discuteremo nei capitoli successivi.

Quanto è grande il debito pubblico?

Come per una famiglia o un'impresa, quando le spese superano le entrate (cioè quando c'è un deficit) lo stato e le altre pubbliche amministrazioni (comuni, province, regioni eccetera) si devono indebitare. Con qualche approssimazione, si può dire che il debito pubblico è la somma di tutti i deficit passati.[3] Una nota pubblicata sul sito del ministero dell'Economia e delle finanze ci dice che

> il debito pubblico è pari al valore nominale di tutte le passività lorde consolidate delle amministrazioni pubbliche (amministrazioni centrali, enti locali e istituti previdenziali pubblici). Il debito è costituito da biglietti, monete e depositi, titoli diversi dalle azioni – esclusi gli strumenti finanziari derivati – e prestiti, secondo le definizioni del Sec 2010.

Dietro questa definizione si celano diversi punti critici, in parte mascherati dal riferimento alle "definizioni del Sec 2010" (il Sec 2010 è il sistema statistico europeo ora in uso). Torneremo sui punti critici più in là in questo capitolo (compresa l'inclusione nel debito di biglietti e monete, che può destare qualche stupore). Per ora accontentatevi di sapere che "passività lorde" vuol dire quello che le amministrazioni pubbliche hanno preso a prestito (se si dicesse "passività nette" si sottrarrebbe quello che hanno prestato) e proseguiamo con qualche cifra, notando solo che ci occuperemo del debito "consolidato", che è quindi al netto dei prestiti all'interno del settore pubblico stesso (per esempio, i prestiti che lo stato concede ai comuni o alle regioni non sono inclusi in questa definizione di debito).

A fine 2014 il debito pubblico italiano ammontava a 2136 miliardi di euro. Visto che alla stessa data la popolazione residente in Italia era di circa 60,8 milioni di abitanti, il debito pubblico è all'incirca pari a 35.100 euro a testa (uomini, donne, bambini). Questo è un importo interessante: è quanto ogni residente in Italia dovrebbe essere tassato (in aggiunta alle imposte pagate normalmente ogni anno) se, in teoria, lo stato volesse ripagare in un sol colpo il proprio debito. Non preoccupatevi: ho detto "in teoria"; come vedremo il debito pubblico non deve essere ripagato per intero, né ora né mai, anche se dovrebbe essere ridotto, almeno rispetto al Prodotto interno lordo (il mitico Pil), cioè rispetto al reddito che ogni anno l'Italia produce.

In effetti, è pratica comune misurare il debito pubblico rispetto al Pil annuale: il motivo principale è che il Pil rappresenta le risorse a cui lo stato può attingere (attraverso la tassazione) per pagare gli interessi e, in linea di principio, ripagare il debito in scadenza (torneremo su questo nel capitolo 2). Quindi, più è grande il Pil, più è facile sostenere un certo ammontare di debito pubblico. A fine 2014 il debito pubblico italiano era circa il 132 per cento del Pil, con una stima preliminare del 133 per cento del Pil a fine 2015 (quindi ancora in crescita, seppur piccola). È tanto? È poco? Ci sono due modi per capire quanto sia alto questo rapporto: il primo è confrontarlo con l'andamento del rapporto stesso nel passato; l'altro è confrontarlo con gli altri paesi.

Quanto è alto il debito pubblico rispetto al passato?

Facciamo le cose in grande. La serie storica del rapporto tra debito e Pil è stata ricostruita dalla Banca d'Italia dal 1861 (in un lavoro di Maura Francese e Angelo Pace), cioè dall'Unità d'Italia. Da allora, il rapporto tra debito e Pil ha ecceduto la soglia del 130 per cento solo tra il 1919 e il 1924, per effetto degli alti deficit accumulati durante la Prima guerra mondiale (si arrivò vicino al 130 per cento nel 1897, l'anno dopo la disfatta di Adua). Il Regno d'Italia iniziò la sua vita con un debito piuttosto basso, intorno al 40 per cento del Pil, ma poi il debito iniziò a crescere per effetto delle spese causate dall'unificazione del paese e dall'aumento delle infrastrutture pubbliche, sfiorando appunto il 130 per cento del Pil verso la fine del secolo. La crescita fu quasi continua, tranne in un breve periodo durante gli anni settanta, quando Minghetti, ministro delle Finanze e presidente del Consiglio, pareggiò per un paio d'anni il bilancio. Inizia poi una discesa fino a un minimo del 77 per cento del Pil prima della Grande guerra. Ma con il conflitto bellico il debito esplode, sfiorando un picco storico del 160 per cento nel 1920. La discesa successiva viene interrotta dalla Seconda guerra mondiale, in cui però il debito sale “solo” al 100 per cento del Pil. L'inflazione del secondo dopoguerra erode il valore del debito pubblico, che crolla sotto il 20 per cento del Pil nel 1947.

Vediamo la storia più recente. Siamo virtuosi per circa due decenni: il debito resta su livelli bassi (25-35 per cento del Pil) fino alla fine degli anni sessanta, quando il rapporto ricomincia a crescere quasi in continuazione superando il 120 per cento (per la prima volta in settant'anni) nel 1994. Inizia poi una lenta discesa, ma il debito non scende mai sotto il 100 per cento del Pil. La discesa è interrotta dalla crisi economica del 2008 che spinge il rapporto oltre il 130 per cento (più in là in questo capitolo faremo uno zoom su questi ultimi sessant'anni per capire perché il debito è cresciuto).

In conclusione, un debito superiore al 130 per cento è senza dubbio alto dal punto di vista della storia italiana, soprattutto tenendo conto che è stato raggiunto in assenza di uno shock comparabile a quello delle guerre mondiali, anche se, storicamente, siamo un paese ad alto debito pubblico (in media 85 per cento del Pil dall'Unità d'Italia a oggi e 70 per cento del Pil dal secondo dopoguerra).

Quanto è alto il debito pubblico rispetto agli altri paesi?

Passiamo ai confronti internazionali. Anche qui non siamo messi bene. Il rapporto tra debito e Pil fra i trentacinque paesi che, per livello di reddito, il Fondo monetario definisce “avanzati” era, in media, a fine 2014, del 75 per cento. Con un debito del 132 per cento l'Italia era al terzo posto, dopo Giappone (246 per cento) e Grecia (177 per cento). Il dato del Giappone però non è del tutto significativo: il governo giapponese, infatti, ha anche molte attività finanziarie relativamente liquide (su cui guadagna interessi che possono servire a pagare gli interessi sul debito). Tutti i paesi ne hanno, ma in Giappone le attività finanziarie del governo (essenzialmente del suo sistema pensionistico) sono elevatissime: al netto di queste, il debito giapponese scende al 126 per cento del Pil (non troppo lontano dal debito netto italiano, pari al 110 per cento del Pil; la Grecia è di gran lunga al primo posto in termini di debito netto).[4]

Questa la classifica rispetto agli altri paesi avanzati. Le cose non vanno meglio se prendiamo anche i principali paesi emergenti, che hanno tutti un debito pubblico ben al di sotto del 100 per cento del Pil (anche se, come vedremo nel capitolo 2, il livello di tolleranza del debito è più basso nei paesi emergenti che in quelli avanzati).

In altre parole, il nostro debito è attualmente molto alto sia rispetto alla nostra storia sia rispetto agli altri paesi.

Qual è la composizione del debito pubblico?

Finora abbiamo guardato solo al totale del debito pubblico, come se fosse una cosa unica. In realtà, per valutare i rischi associati a un elevato debito pubblico, occorre anche guardarne la composizione.

Il debito pubblico è quasi tutto debito delle amministrazioni centrali (dello stato, principalmente): comuni, province e regioni hanno poco debito, non tanto perché sono necessariamente "virtuosi" ma perché i vincoli imposti dal centro impediscono loro di indebitarsi. Il debito è essenzialmente "nazionale".

Proseguiamo. In paesi avanzati come l'Italia, il debito pubblico è prevalentemente costituito da titoli di stato (i buoni del Tesoro, o Bot, che sono titoli a breve termine, e le obbligazioni a medio e lungo termine, i vari Btp, Cct eccetera), che sono venduti agli investitori tramite aste pubbliche. Quasi l'85 per cento del debito italiano è costituito da titoli di diversa scadenza.

Una variabile molto importante nel valutare i rischi che derivano da un elevato ammontare di debito è la vita media residua del debito pubblico. Ci sono titoli che scadono fra pochi mesi, altri che scadono fra qualche anno, altri che scadono fra dieci anni e quanto più la scadenza è breve, tanto più elevata è la pressione che si può potenzialmente creare sul mercato dei titoli se questi non vengono rinnovati. La vita media residua dei titoli di stato italiani è attualmente abbastanza elevata, sei anni e mezzo circa, più o meno come nella media dei paesi avanzati (meglio degli Stati Uniti, che stanno intorno ai cinque anni e mezzo, peggio della Gran Bretagna, che sta sui quattordici anni e mezzo). Ma, visto che il nostro debito è molto più alto di quello degli altri paesi, una vita residua vicino alla media degli altri paesi comporta che l'ammontare dei titoli italiani che scadono e devono essere rifinanziati ogni mese, trimestre, anno, sia molto più elevato che nella media degli altri paesi. Nel 2014 lo stato ha emesso circa 455 miliardi di titoli (circa 38 miliardi al mese), la maggior parte per rifinanziare quelli a scadenza, il resto per finanziare il nuovo deficit. È una cifra molto alta (pari al 28 per cento del Pil), anche se le emissioni si sono ridotte nel 2015 e dovrebbero calare ulteriormente nel 2016. È come se una famiglia con un reddito mensile di 5000 euro dovesse ogni mese preoccuparsi di ottenere nuovi finanziamenti per 1400 euro.

Chi presta allo stato italiano? Andare a vedere la composizione dei creditori è una delle cose più importanti per valutare i rischi connessi a un alto debito pubblico. Una differenza molto importante è se gli investitori sono italiani o stranieri. Se il debito è detenuto prevalentemente da investitori esteri, il rischio di una crisi sul mercato dei titoli di stato è più forte perché gli investitori esteri sono di solito i primi a scappare se ci sono problemi. Inoltre, se una parte elevata del debito è detenuta all'estero, la tentazione per un governo di non ripagare il debito è maggiore perché gli investitori esteri non votano e perché (come sarà discusso meglio nel capitolo 7), se i creditori sono prevalentemente stranieri, le ripercussioni per l'economia nazionale di un ripudio del debito sono minori, visto che chi ci perde sta da qualche altra parte del mondo.

Ora, a fine 2014 circa un terzo del debito pubblico italiano era detenuto da stranieri. Quindi la maggior parte del debito lo dobbiamo a noi stessi, il che è una buona notizia. Ma siamo nella media dei paesi avanzati. Chi sta messo davvero bene è il Giappone, che avrà pure un debito più alto del nostro ma è detenuto per il 90-95 per cento dai giapponesi stessi, il che forse spiega perché quel paese sembra riuscire a rifinanziare il proprio debito con meno patemi d'animo di quelli che, in certi periodi, hanno caratterizzato il mercato dei titoli di stato italiani.

Un'ultima questione relativa alla composizione del debito pubblico riguarda la valuta in cui è denominato. Uno stato infatti può indebitarsi nella propria moneta o in quella di un altro paese. Il che fa una certa differenza per vari motivi. Per spiegarveli, occorre però aprire una parentesi.

Debito pubblico e moneta

Chiamarla una parentesi è un po'... riduttivo. La relazione tra debito pubblico e moneta è tra le più importanti che esistano per la teoria e la storia economica. Cominciamo dall'inizio e astraiamo dal caso italiano, per ora.

Lo stato può battere moneta. La moneta serve alla popolazione e lo stato ha il vantaggio di essere l'unico che legalmente può batterla. Può quindi finanziare il proprio deficit o prendendo a prestito o stampando moneta. Fa una bella differenza: se per finanziare il proprio deficit lo stato si indebita, paga un interesse e deve preoccuparsi di rinnovare i prestiti in scadenza. Se batte moneta, non si deve preoccupare di tutto questo.

Nel mondo moderno però lo stato emette, nella maggior parte dei casi, solo monete metalliche, mentre le banconote sono emesse dalla banca centrale. Non fa una grande differenza: c'è un vantaggio per lo stato anche per le banconote emesse dalla banca centrale. Il motivo è che, anche nei casi in cui, legalmente, la proprietà della banca centrale non è dello stato (come in Italia per la Banca d'Italia), i profitti della banca centrale vengono quasi interamente trasferiti allo stato. Quindi, se le banconote sono stampate dalla banca centrale che le presta allo stato, lo stato pagherà un interesse, ma visto che i profitti della banca centrale sono restituiti allo stato, gli interessi pagati sui prestiti ricevuti dalla banca centrale rientrano allo stato. È una partita di giro. Il debito verso la banca centrale, quindi, è come se non esistesse: è come se lo stato si finanziasse emettendo direttamente anche le banconote.[5]

Qualcuno ora si chiederà perché allora lo stato non si finanzia puramente stampando (in modo diretto o indiretto) moneta. Il motivo è che troppa moneta in circolazione finisce per creare inflazione. È vero che la moneta non scade e che quindi la gente non può chiedere allo stato di essere rimborsata, ma la gente può cercare di liberarsi della moneta, se ne ha troppa, comprando beni o servizi, il che fa aumentare i prezzi. In effetti, i principali problemi di iperinflazione nella storia economica sono stati proprio dovuti allo stato che, non riuscendo a finanziarsi in altri modi, stampa troppa moneta, che presto diventa carta straccia. Torneremo su questo argomento nel capitolo 6 per discutere se il ritorno alla lira potrebbe essere una soluzione al problema del debito pubblico italiano.

Per il momento però occorre notare una stranezza: nonostante la teoria economica ci dica che la distinzione tra moneta e debito è fondamentale, nelle statistiche sul debito pubblico questa distinzione non esiste. Il debito pubblico (vedi la definizione riportata sopra del debito pubblico italiano) include anche le monete emesse dallo stato (il Poligrafico dello stato o zecca) e i debiti verso la banca centrale (la Banca d'Italia più la Banca centrale europea). Questa stranezza è dovuta al fatto che, da un punto di vista contabile, le monete emesse dallo stato, e a maggior ragione il debito verso la banca centrale, sono comunque iscritte tra le "passività" nel bilancio dello stato. Le monete emesse dallo stato sono però poca roba. Quello che conta è l'inclusione del debito verso la banca centrale (detenuto tipicamente sotto forma di titoli di stato). Tanto per essere concreti, su un totale di debito pubblico italiano a fine 2014 di 2136 miliardi di euro, circa 158 miliardi erano detenuti dalla Banca d'Italia e dalla Banca centrale europea (o, cosa equivalente, dalle altre banche dell'area dell'euro).

In un'unione monetaria come l'area dell'euro, l'inclusione nella definizione di debito pubblico dei titoli di stato detenuti dalla banca centrale non è però così fuorviante come nel caso di un paese che ha la sua moneta: questo perché in un'unione monetaria un singolo stato non controlla più la propria banca centrale, e sui prestiti che riceve (tramite acquisti di titoli) da parte della banca centrale comune deve pagare interessi che non sono restituiti allo stato stesso ma che, sotto forma di distribuzione di profitti, vengono ripartiti fra tutti i paesi dell'area.

Torniamo però al caso generale di un paese che emette la propria moneta. In questo caso la decisione di quanta moneta stampare per finanziare lo stato diventa critica. Come è critica la decisione della valuta in cui indebitarsi (ricordate che era da qui che eravamo partiti un paio di pagine fa). Se lo stato si indebita nella propria moneta, può sempre stamparla in caso di difficoltà nel rifinanziare il debito. Magari questo creerà inflazione, ma il rischio di insolvenza si abbassa. Se invece lo stato si è indebitato in valuta estera (per esempio in dollari), questa possibilità non esiste e cresce il rischio che lo stato non sia in grado di ripagare. Inoltre, cresce l'esposizione dello stato al rischio di una svalutazione: se il tasso di cambio si deprezza, il valore in moneta nazionale del debito estero aumenta. Da qui, quello che alcuni economisti hanno definito il "peccato originale" di molti paesi emergenti che, in passato, si erano indebitati in valuta estera, debito che poteva diventare insostenibile a seguito di un deprezzamento del loro cambio.

Nel caso italiano, quasi tutto il debito è denominato in euro, la nostra moneta, ma anche una moneta che non possiamo stampare a piacere. Quindi è come se il debito fosse denominato in valuta estera: è vero che non c'è un rischio di cambio (assumendo che l'euro resti la nostra moneta, naturalmente), ma non possiamo ripagare il debito stampando moneta, un tema che riprenderemo nel capitolo 6 sul possibile ritorno alla lira.

L'altro debito pubblico: debito commerciale, debito pensionistico e derivati

Come ho detto, le cifre ufficiali sul debito pubblico italiano sono basate su una certa definizione di debito, quella adottata nel sistema statistico europeo (il Sec 2010). Al pari di tutte le definizioni, comprende solo certe cose e non altre. Questa sezione discute di tre forme di debito che non sono comprese (è una sezione un po' più tecnica e potete saltarla, se volete).

Primo, non sono compresi i debiti commerciali contratti dalla pubblica amministrazione. Se lo stato compra matite e non paga immediatamente, il debito corrispondente non è incluso nelle statistiche del debito pubblico. Avrete forse letto delle polemiche sui ritardi nei pagamenti della pubblica amministrazione ai propri fornitori. E saprete forse dell'accelerazione in questi pagamenti che si è avuta dal 2013: per finanziarla, lo stato si è indebitato sui mercati finanziari facendo così emergere una parte del debito (circa 2 punti percentuali di Pil a fine 2014) che prima non era misurata. Ma, nonostante questa accelerazione, esiste sempre un debito commerciale non incluso nelle statistiche. Si trattava a fine 2014 di circa 70 miliardi, il 4 per cento del Pil. Non è una cifra enorme, ma non compare nelle statistiche ufficiali.

Secondo, c'è il cosiddetto debito pensionistico. Questo è un concetto più vago, ma l'idea è di stimare quanto aumenterà (rispetto al Pil) la spesa per pensioni a legislazione invariata nei prossimi decenni (essenzialmente per effetto dell'invecchiamento della popolazione) e di calcolare quale sia il valore attuale (la "somma") di questi aumenti di spesa futuri. Questo valore è un "debito pensionistico", visto che gli aumenti di spesa (misurati rispetto al Pil) non sono finanziati automaticamente dalle future entrate. Il debito pensionistico italiano, in conseguenza delle riforme già introdotte in passato, è praticamente nullo, mentre è di circa il 30 per cento del Pil nella media dei paesi avanzati, del 33 per cento in Germania e del 35 per cento negli Stati Uniti, per non parlare della virtuosa Finlandia, dove questo debito è di oltre il 50 per cento. Se sommassimo questo debito a quello finanziario discusso nelle pagine precedenti, l'Italia sarebbe messa molto meglio nelle classifiche internazionali. Ma una tale addizione sarebbe in buona parte inappropriata: il debito finanziario deve essere rifinanziato ogni mese sul mercato; quello pensionistico no (è un debito teorico che può essere ridotto da future riforme). È da tener presente, ma non è equivalente al debito finanziario misurato dalle statistiche su cui ci concentreremo in questo libro.

Terzo, la definizione di debito non include le passività che emergono dai cosiddetti contratti "derivati". Cosa sono i derivati? Sono contratti che implicano che lo stato paghi o riceva dei soldi, a seconda che accadano certe cose sui mercati finanziari, per esempio nel caso in cui i tassi d'interesse salgano o scendano. Perché lo stato sottoscrive questi contratti? Per attenuare l'effetto che alcuni sviluppi potrebbero avere sul costo del debito pubblico. Per esempio, se i tassi d'interesse sul debito pubblico aumentano, lo stato pagherà interessi maggiori sul proprio debito. Un contratto derivato fa sì che, se i tassi effettivamente aumentano, lo stato riceve una parziale compensazione. La controparte del meccanismo è che, se invece i tassi d'interesse scendono, il vantaggio per lo stato si riduce in quanto deve pagare soldi alla controparte del contratto derivato. Ogni mese quindi lo stato incassa o effettua pagamenti sui derivati. Il valore di mercato di un derivato (il "debito" nel caso di pagamenti netti futuri) è perciò la somma dei pagamenti futuri derivanti dal contratto (più precisamente è il valore attualizzato di tali pagamenti) assumendo che i tassi d'interesse non varino lungo tutta la vita del derivato stesso. Questo valore, che cambia nel tempo col cambiare dei tassi d'interesse, tiene quindi traccia dei potenziali pagamenti, che potrebbero essere necessari. Il totale di questi potenziali pagamenti non è incluso nel debito pubblico, come indicato nella definizione riportata all'inizio di questo capitolo. A fine dicembre 2014 tale valore era di 42 miliardi (il 2,6 per cento del Pil).

Il fatto che, come risultato dei derivati, lo stato debba pagare dei soldi, spesso alle grandi banche internazionali (le controparti di questi contratti), è fonte di infinite polemiche. Si accusa chi gestisce il debito pubblico di aver scommesso, per esempio, che i tassi d'interesse saliranno e li si incolpa della perdita sui contratti derivati se invece i tassi scendono.[6] In realtà, non c'è niente di fondamentalmente sbagliato in queste operazioni: se i tassi d'interesse scendono, lo stato comunque ci guadagna, ma questo guadagno sarà attenuato dal fatto di aver sottoscritto un contratto che in parte lo tutelava, in caso di un aumento dei tassi d'interesse. Insomma, attraverso i contratti derivati si attenua l'effetto dell'oscillazione dei tassi d'interesse sul costo del debito pubblico. È come un'assicurazione che si contrae per essere meno sorpresi da eventi sfavorevoli. Ma c'è una controparte (è come il premio che si paga all'assicurazione): si guadagna di meno in caso di eventi favorevoli allo stato, quali la discesa dei tassi d'interesse.

Perché è cresciuto il debito pubblico?

Come abbiamo visto, il rapporto tra debito pubblico e Pil aveva raggiunto un minimo nella storia dello stato italiano negli anni cinquanta e sessanta. Poi è cominciato ad aumentare dal 25-35 per cento di quei decenni fino a eccedere il 120 per cento nei primi anni novanta e il 130 per cento negli ultimi anni. Perché?

Ovviamente, hanno contribuito in modo essenziale gli ampi deficit pubblici. Ma il deficit ha due componenti: il cosiddetto deficit primario (le spese, escluso quelle per gli interessi sul debito, meno le entrate) e la spesa per interessi. Ricordatevi questa distinzione, perché è molto importante per capire come ridurre il debito pubblico e sarà ripresa in molti dei capitoli seguenti. Queste due componenti sono spinte da forze diverse: il deficit primario riflette decisioni sui servizi che si offrono ai cittadini (pensioni, sanità, scuola eccetera) e sulle tasse che si vogliono far pagare. La spesa per interessi dipende dal livello stesso del debito e dal livello dei tassi d'interesse. Per spiegare come il debito pubblico sia aumentato, occorre tenere ben separate queste due componenti. Senza dimenticare un terzo fattore: visto che il debito è misurato rispetto al Pil, occorre anche vedere cosa succede al Pil.[7]

La storia dell'aumento del debito pubblico italiano dagli anni sessanta a oggi è complicata, ma cerco di riassumerla nel modo più semplice suddividendo questo mezzo secolo in cinque periodi.

Primo periodo (l'origine del problema): nella seconda metà degli anni sessanta la spesa primaria (cioè la spesa al netto degli interessi) comincia ad accelerare, soprattutto nel comparto sanità e pensioni: è una tendenza in atto nella maggior parte dei paesi avanzati, che riflette l'invecchiamento della popolazione e l'ampliamento del sistema di welfare. C'è anche chi dice che, in Italia, questa maggiore generosità dei servizi pubblici fosse l'inevitabile prezzo da pagare per attenuare le pressioni sociali emerse all'inizio di quel decennio. In Italia, però, le entrate dello stato (essenzialmente: le tasse) non aumentano in misura pari alla spesa, il che crea un ampio deficit primario. Il deficit totale sale dal 2-4 per cento del Pil alla fine degli anni sessanta fino al 10-11 per cento, a metà degli anni settanta (quando l'Italia deve ricorrere ai prestiti del Fondo monetario internazionale). Di conseguenza, il debito comincia a crescere ma, inizialmente, la crescita è contenuta dal fatto che per finanziare una parte del deficit la Banca d'Italia stampava moneta, il che creava inflazione, teneva bassi i tassi d'interesse in termini reali (cioè al netto dell'inflazione) ed erodeva il valore reale del debito pubblico.

Secondo periodo (l'accelerazione del debito): l'inflazione non piace a nessuno e all'inizio degli anni ottanta governo e Banca d'Italia decidono il cosiddetto "divorzio". Lo promuove Beniamino Andreatta, all'epoca ministro del Tesoro: la Banca d'Italia chiude il rubinetto, riducendo gli acquisti di titoli di stato. L'inflazione viene gradualmente messa sotto controllo ma, con meno titoli comprati dalla Banca d'Italia, i tassi d'interesse che lo stato deve pagare sul proprio debito (sempre in termini reali, cioè aggiustati per l'inflazione) salgono. Il che porta a un aumento della spesa per interessi e, in assenza di una pari riduzione della spesa primaria, causa una accelerazione nella crescita del debito pubblico, che supera il 100 per cento del Pil verso la fine degli anni ottanta. Da qui l'idea che alcuni hanno – ne trovate tanti esempi sul web – che la vera causa dell'aumento del debito pubblico in Italia fu la decisione di ridurre il finanziamento monetario dei deficit. Non è così. Il debito aveva cominciato a crescere ben prima, anche se c'è stata un'accelerazione negli anni ottanta, dovuta, in ogni caso, all'incapacità di tagliare la spesa primaria per far spazio alla maggior spesa per interessi.

Terzo periodo (la correzione): all'inizio degli anni novanta, dopo la crisi economica che colpisce il paese nel 1992, inizia la riduzione del deficit primario: si tagliano le spese e, soprattutto, si aumentano le tasse. Nel corso degli anni novanta, i deficit e il rapporto tra debito e Pil cominciano a scendere. Questo anche sotto la spinta di un obiettivo strategico: mettersi in linea con i parametri di Maastricht ed essere parte del primo gruppo di paesi che adottano l'euro. L'Italia ci riesce: il deficit scende sotto il 3 per cento e il deficit primario diventa un surplus (le entrate eccedono le spese al netto degli interessi) che raggiunge il 5 per cento del Pil in media dal 1996 al 2000.

Quarto periodo (l'occasione perduta): a causa dell'entrata dell'Italia nell'area dell'euro a fine anni novanta, i tassi d'interesse sul debito pubblico cominciano a calare. La spesa per interessi sul debito scende anche per la discesa del debito stesso. Si apre una fase di ottimismo che porta i governi italiani (prima quello di centrosinistra a cavallo del millennio, poi i governi Berlusconi) ad allentare lo sforzo di finanza pubblica: il surplus primario comincia a scendere. Il debito quindi scende ma non tanto rapidamente quanto avrebbe potuto se si fosse mantenuto il surplus primario al livello raggiunto in precedenza. Se questo fosse successo, il rapporto tra debito e Pil nel 2007, alla vigilia della crisi economica globale, sarebbe sceso sotto l'80 per cento: invece restò intorno al 100 per cento.[8] Un eccesso di ottimismo e un errore che non ci aiuteranno durante la crisi.

Quinto periodo (la crisi): la crisi mondiale del 2008-2009 colpisce l'Italia causando la caduta del Pil e delle entrate tributarie e un aumento del deficit. L'alto livello di debito ci impedisce di sostenere l'economia, attraverso aumenti di spesa o tagli delle tasse, tanto quanto fatto da altri paesi (come gli Stati Uniti e il Regno Unito). A partire dal 2010 si comincia anzi a ridurre la spesa perché i mercati sono preoccupati per la capacità dell'Italia di rimanere nell'area dell'euro e di rifinanziare il proprio debito. Nonostante il bilancio primario migliori un po' per effetto di questa stretta fiscale, il debito ricomincia a crescere rapidamente rispetto al Pil, per l'aumento della spesa per interessi (il differenziale tra tassi italiani e tassi tedeschi – il famigerato spread – raggiunge i 550 punti base a fine 2011) e, soprattutto (ed è questa la novità), per la riduzione del Pil reale (cioè il Pil a prezzi invariati). Tra il 2007 e il 2014 il Pil reale cade del 9 per cento: il che, di per sé, causa un aumento del rapporto tra debito e Pil di circa 13 punti percentuali, una bella botta. Alla fine la tempesta si quieta, anche perché la stretta fiscale in Italia e negli altri paesi colpiti dalla crisi viene vista come un'adeguata contropartita all'intervento della Banca centrale europea che inonda il mercato di liquidità. I tassi d'interesse cominciano a scendere, il Pil si stabilizza e la crescita del debito italiano rispetto al Pil viene quasi interrotta. Quasi, perché la necessità di aiutare paesi come Grecia, Portogallo e Irlanda (che non riescono più a finanziarsi sul mercato) richiede all'Italia di aumentare il proprio debito per finanziarli. Non si tratta di cifre enormi (meno di 4 punti percentuali di Pil al 2014), ma senza questi aiuti la dinamica del debito pubblico italiano sarebbe stata un po' più favorevole.

L'origine del debito per macroregioni

C'è anche chi ha analizzato l'origine del debito pubblico italiano su base regionale, un tema piuttosto caldo dal punto di vista politico, soprattutto quando nel Nord Italia si parlava di separatismo. L'idea è di calcolare come la spesa primaria e le entrate – il cui squilibrio è alla base dell'accumulo di debito – siano state allocate in passato tra regioni d'Italia o, almeno, tra macroregioni. I calcoli più recenti sono stati fatti da tre professori dell'Università di Trieste (Luciano Mauro, Cesare Buiatti e Gaetano Carmeci).[9] Gli autori hanno rilevato che, tra il 1963 (cioè da quando inizia la loro indagine) e il 2009, il Sud ha avuto deficit primari (spesa delle pubbliche amministrazioni meno tasse pagate da quella macroregione) del 20-35 per cento del Pil del Meridione fino al 1994 e del 15-20 per cento nel periodo seguente. Il Nord, invece, ha avuto dei surplus primari, superiori al 3 per cento del Pil (con punte comprese tra il 6 e l'8 per cento) nella maggior parte degli anni, registrando deficit primari solo in quattro su quarantacinque anni (il Centro ha una posizione intermedia tra Nord e Sud, non solo geograficamente). Quindi, da questo punto di vista, l'aumento del debito pubblico osservato in quel periodo deriverebbe prevalentemente dagli squilibri di finanza pubblica esistenti nel Sud e, in parte, nel Centro. Calcoli di questo genere hanno ispirato le proposte – in particolare arrivate dalla Lega – di ripartire il debito italiano tenendo conto almeno parzialmente della provenienza regionale.[10]

Seppure interessanti, non credo che questi calcoli debbano avere alcun impatto sulla gestione del debito pubblico. Come si è detto, esso è debito essenzialmente dello stato centrale, che deriva da politiche dello stato centrale, anche se esse hanno avuto effetti diversi geograficamente. Per esempio, visto che il reddito del Nord è più elevato di quello del Sud, è chiaro che il Nord paga più tasse (a maggior ragione in un sistema a tassazione progressiva, quando cioè si pagano aliquote più alte al crescere del reddito). Quanto alla spesa, una parte del maggior esborso al Sud riflette politiche redistributive dello stato a favore dei meno abbienti (che sono più concentrati nel Meridione). Quanto al resto, non c'è dubbio che il Sud sia più inefficiente del Nord (come documentato nel mio libro *La lista della spesa*). Ma le risorse per finanziare questa spesa venivano comunque dallo stato centrale che, in qualche modo, validava tali inefficienze. In ogni caso, non mi sembra che operazioni di riallocazione del debito – per quanto attraenti per i cittadini del Nord, e io vengo da Cremona – possano essere compatibili con il mantenimento di uno stato unitario. Riallocazioni di questo tipo sono avvenute nella storia di alcuni paesi, ma sono sempre state accompagnate da una spaccatura della nazione (come per la Jugoslavia negli anni novanta o, più di recente, per il Sudan).

Ma quando il debito è eccessivo?

Ok, abbiamo stabilito che il debito pubblico è alto rispetto al passato e rispetto agli altri paesi. Ma questi confronti non ci dicono ancora molto su quanto alto il debito sia in termini assoluti, cioè in termini di possibili costi per il paese. Insomma, abbiamo visto che l'Italia è in sovrappeso, ma non abbiamo ancora chiarito quali siano i rischi associati e quindi se il debito italiano sia effettivamente "alto" rispetto a tali rischi.

Certo, avere debiti non piace a nessuno. Sarebbe meglio non averne. Questo vale per una famiglia, un'impresa o un paese. Ma per capire perché è importante ridurre il debito pubblico occorre valutare quali sono i rischi e i costi che da esso derivano.

I prossimi tre capitoli spiegano quindi quali sono i costi associati a un debito pubblico troppo elevato. Nel farlo, cercheremo anche di quantificare meglio cosa vuol dire "troppo elevato".

2. Quando il debito pubblico causa una crisi finanziaria?

> "Chissà le facce, sapessero di agitarsi su una polveriera..."
>
> IVANO FOSSATI, *Panama*

Un pomeriggio del marzo 2009, nel bel mezzo della più grave crisi economica mondiale dai tempi della Grande depressione negli anni trenta, mi trovavo nell'ufficio del managing director del Fondo monetario internazionale Dominique Strauss-Kahn – che un paio di anni più tardi sarebbe diventato noto al più ampio pubblico per vicissitudini personali di natura non prettamente economica – per illustrargli gli effetti che la crisi stava avendo sui conti pubblici del mondo, soprattutto dei paesi più avanzati (i paesi a reddito più alto). Si trattava di uno dei miei primi incontri bilaterali con Strauss-Kahn da quando ero diventato, solo pochi mesi prima, capo del dipartimento di Finanza pubblica del Fondo ed ero piuttosto intimorito, anche perché non portavo buone notizie.

La crisi economica stava causando un rapido aumento del debito pubblico nel mondo dovuto al sostegno che i governi di diversi paesi stavano dando alle banche per evitarne il collasso, alle iniziative che le amministrazioni stavano prendendo per attenuare gli effetti della recessione sulla domanda di famiglie e imprese e, soprattutto, alla perdita di entrate tributarie causata dalla recessione stessa. Ho detto "rapido aumento". È un eufemismo. Per i paesi avanzati, si trattava della più forte accelerazione del debito pubblico mai osservata in tempo di pace (si sa che le guerre fanno esplodere non solo le bombe, ma anche i debiti pubblici). Dopo aver illustrato a Strauss-Kahn lo stato dei conti pubblici mondiali, conclusi:

"Managing director, la crisi economica che il mondo sta attraversando ora è una crisi causata dalle banche. La prossima sarà causata dai conti pubblici".

"Perché?" mi chiese, lasciandomi piuttosto sorpreso, visto che gli avevo appena presentato previsioni abbastanza disastrose sull'andamento del debito pubblico nel mondo. Gli spiegai che il fatto che il debito stesse raggiungendo livelli senza precedenti in periodi di pace poteva far sorgere il dubbio agli investitori che gli stati non avrebbero potuto ripagarlo, causando una fuga dai mercati dei titoli di stato.

Non mi sembrava molto convinto. Il fatto è che non c'erano ancora segni di tensione sul mercato dei titoli pubblici: i tassi d'interesse restavano bassi. Solo qualche mese più tardi, in una specie di reazione a catena, iniziarono a manifestarsi problemi di finanziamento per diversi paesi nel mondo: l'Islanda per prima, seguita poi da Ungheria, Grecia, Irlanda, Portogallo...

Alla fine si arrivò all'estate del 2011, quando la crisi del mercato dei titoli di stato colpì l'Italia e lo spread tra il rendimento dei titoli italiani e quelli tedeschi raggiunse, nel giro di qualche mese, livelli inimmaginabili. Anche in questo caso, la fuga dal mercato dei titoli di stato iniziò all'improvviso. Nella primavera le cose sembravano ancora tranquille. Durante gli incontri del Fondo monetario (che si svolgono ogni anno in aprile) proposi alla delegazione italiana in visita a Washington di ospitare a Roma in autunno una conferenza tra paesi europei sul problema del controllo della spesa pubblica (non immaginavo certo che sarebbe stata una specie di antipasto del lavoro di commissario che avrei iniziato a fine 2013). La proposta fu accettata e la data della conferenza venne fissata per lunedì 14 novembre 2011. Nessuno avrebbe pensato che, a seguito di una crisi finanziaria di formidabile violenza, il giorno della conferenza i delegati dei vari paesi invitati si sarebbero incontrati, nelle sale del ministero dell'Economia e delle finanze a Roma, in un clima surreale. Il governo Berlusconi si era dimesso due giorni prima, Tremonti aveva lasciato la guida del ministero, il direttore generale del Tesoro Grilli era occupato in cose ben più pressanti di una conferenza.

Ho citato questi due episodi per sottolineare che le crisi di fiducia sul mercato dei titoli di stato possono scoppiare in modo del tutto inaspettato (mentre la gente balla tranquilla sopra la polveriera di Fossati): da una calma assoluta si passa nel giro di qualche settimana alla tempesta più incontrollabile, lasciando spesso stupiti politici, economisti e analisti finanziari. I mercati finanziari reagiscono così: in modo improvviso, ritardato e spesso esagerato. Naturalmente perché un paese possa soffrire dell'imprevedibilità dei mercati occorre che sia pesantemente indebitato. Ma cosa vuol dire con esattezza "pesantemente indebitato"? Da cosa dipendono queste crisi (al di là delle tesi cospiratorie) e come sono legate all'ammontare del debito di un paese?

Debito pubblico e crisi finanziarie: la lezione del signor Ponzi

Come abbiamo visto nel capitolo 1, ogni mese uno stato indebitato deve tornare sul mercato a richiedere nuovi prestiti per colmare lo squilibrio tra uscite ed entrate (il deficit) e per ripagare i titoli di stato che scadono e devono essere rinnovati (abbiamo visto che, per lo stato italiano, questo fabbisogno di finanziamenti era di circa 38 miliardi di euro al mese nel 2014). I creditori rinnoveranno il loro investimento in titoli di stato se continueranno a pensare di poter essere ripagati alla scadenza. Se c'è il rischio di non essere ripagati, inizialmente richiederanno un tasso di interesse più alto (quello che si chiama un "premio al rischio di insolvenza"). Ma dato che un tasso d'interesse più alto rende anche più difficile ripagare il debito, a un certo punto si rifiuteranno di investire in titoli di stato. Il flusso dei finanziamenti si prosciugherà. La domanda fondamentale che dobbiamo porci è: cosa determina la paura dei mercati di non essere ripagati?

È la paura che lo stato non abbia adeguate risorse proprie per pagare gli interessi e rimborsare il debito. E queste risorse sono date dal surplus primario, ovvero le entrate dello stato meno le spese "primarie" (cioè quelle non relative a interessi), un concetto che abbiamo già introdotto nel capitolo 1. Quindi, il surplus primario deve essere sufficientemente ampio.

Se invece di un surplus primario c'è un deficit primario, allora si prende a prestito non solo per pagare gli interessi, non solo per ripagare il debito in scadenza, ma anche per finanziare uno squilibrio fra entrate e spese, squilibrio che esisterebbe anche se non ci fosse debito. È un circolo vizioso: ci si indebita sempre di più, semplicemente per sopravvivere. Questo può andare avanti per un po', fino a quando i creditori non capiscono che lo stato debitore non avrà un flusso di risorse con cui pagare interessi e rimborsare il debito. Ma se cominciano a sorgere dubbi, tutto crolla come è crollata una delle più celebri truffe della storia finanziaria, quella ideata da Charles Ponzi, nato Carlo Ponzi a Lugo di Romagna nel 1882, un mito – in negativo – della finanza americana. Val la pena ripercorrerne la storia.

Charles Ponzi, emigrato negli Stati Uniti nel 1903, dopo varie vicissitudini e un periodo di carcere in Canada, mise in piedi all'inizio del 1920 quello che poi divenne famoso come lo "schema Ponzi". Non era certo il primo caso nella storia e lo stesso Ponzi trasse ispirazione da una piccola banca canadese (la Banca Zarossi) presso cui aveva lavorato (si potrebbe quindi parlare di schema Zarossi piuttosto che di schema Ponzi, ma purtroppo la nazionalità sarebbe la stessa). Lo schema consisteva nel prendere a prestito da vari risparmiatori, promettendo tassi d'interesse elevatissimi (il 50 per cento entro quarantacinque giorni) – sostenendo che le risorse sarebbero state investite in attività ad alto rendimento (che avrebbero generato un "surplus primario"), in particolare in un'attività di arbitraggio che sfruttava la svalutazione di alcune monete, come la lira, dopo la Prima guerra mondiale.[1] In realtà, non esisteva alcuna attività redditizia e il signor Ponzi rimborsava chi chiedeva di essere rimborsato alla scadenza prendendo a prestito nuovi soldi. Naturalmente, il denaro preso a prestito serviva anche a finanziare la bella vita del signor Ponzi, il suo "deficit primario".

Lo schema restò in piedi finché riuscì ad attirare nuovi depositanti in misura sufficiente per rimborsare chi voleva uscirne. Ma quando cominciarono a circolare voci sull'assenza di una vera attività in cui fossero investiti i finanziamenti, lo schema crollò rapidamente. A fine luglio 1920 un giornale, il "Boston Post", cominciò a pubblicare articoli che ponevano domande cui Ponzi non poteva rispondere. A questo punto il collasso fu rapido: il numero dei creditori che voleva essere rimborsato aumentò rapidissimamente. Ponzi non aveva attività sufficienti a coprire i debiti e il 13 agosto venne arrestato. La storia ci dice che, dopo diversi anni di carcere negli Stati Uniti, tornò in Italia, per poi emigrare di nuovo, questa volta in Brasile dove lavorò per la compagnia di bandiera italiana dell'epoca (l'Ala Littoria). Morì povero a Rio de Janeiro nel 1949. Ma la leggenda del suo favoloso "schema" vive ancora oggi e il termine "schema Ponzi" è usato correntemente nella letteratura economica e finanziaria.

La storia di Ponzi ci insegna non solo che schemi di questo genere possono fagocitare importi anche molto elevati (Ponzi arrivò a raccogliere anche un milione di dollari al giorno, l'equivalente di 12 milioni di oggi). In tempi più recenti, schemi concettualmente non molto diversi – quali quello introdotto dal finanziere (e truffatore) americano Bernie Madoff, arrestato a fine 2008 – sono arrivati a cifre impressionanti: il totale delle perdite dello schema creato da Madoff è stimato intorno ai 15 miliardi di dollari. La storia ci insegna anche che questi schemi crollano quando la fiducia su cui si basano viene meno. E la fiducia può venir meno molto rapidamente perché le crisi di fiducia sono contagiose.

Torniamo alla questione che più ci interessa: che cosa causa una crisi di fiducia sul mercato dei titoli di stato? Perché non ci siano rischi, gli investitori devono essere convinti che lo stato non stia gestendo uno schema Ponzi e che cioè abbia un surplus primario abbastanza ampio da consentire il regolare pagamento degli interessi e, potenzialmente, il rimborso del debito. Le cose però sono un po' diverse per lo stato rispetto al signor Ponzi. Lo schema Ponzi poteva andare avanti solo perché gli investitori non avevano abbastanza informazioni. Pensavano che le risorse utilizzate per rimborsare i prestiti derivassero da un'attività sottostante che generava profitti, non da nuovi prestiti. Se avessero saputo che Ponzi aveva un "deficit primario", non avrebbero prestato.

Nel caso degli stati sovrani le cose, però, stanno in modo un po' diverso. Gli stati riescono a mantenere, in modo palese, deficit primari anche per periodi prolungati senza avere immediate ripercussioni. Perché?

Facciamo un esempio: supponiamo che uno stato abbia entrate per 700 miliardi, spese, al netto degli interessi, per 720 miliardi e spese per interessi per 70 miliardi. Questo stato, se mantenesse la situazione invariata nel tempo, starebbe facendo come Charles Ponzi: avrebbe un deficit totale di 90 miliardi e dovrebbe prendere a prestito sui mercati finanziari non solo per ripagare i titoli in scadenza, non solo per pagare gli interessi, ma anche per finanziare un deficit primario di 20 miliardi (720 miliardi di spese al netto degli interessi meno i 700 miliardi di entrate). Questo non può continuare per sempre. Eppure tanti stati si trovano esattamente in questa situazione: prendono a prestito non solo per pagare interessi ma anche per finanziare un deficit primario. Fra l'altro, i dati che ho riportato sopra sono, con qualche approssimazione, quelli dell'Italia nel 2009 quando il settore pubblico fu colpito dagli effetti della crisi economica globale e le entrate, di conseguenza, scesero rapidamente. Ma la crisi non scoppiò fino a due anni dopo.

Perché i mercati prestano a stati che sembrerebbero avere una posizione simile a quella di Charles Ponzi, pur avendo le informazioni sulle entrate e le spese complessive? La risposta è che, al contrario di quanto accade in uno schema Ponzi, lo stato può cambiare le proprie entrate e le proprie spese in futuro e quindi migliorare il proprio bilancio primario. I mercati quindi prestano perché pensano che la situazione di squilibrio dei conti pubblici sia temporanea e che i conti miglioreranno in futuro.

Come si fa allora a capire se prestare o no a uno stato senza correre rischi eccessivi di non essere rimborsati? Be', in teoria l'idea è abbastanza semplice, anche se piuttosto difficile da applicare. Occorre decidere se è plausibile che uno stato possa aumentare il proprio surplus primario – aumentando le tasse o tagliando le proprie spese primarie – a un livello sufficientemente alto e mantenerlo nel tempo.

Quanto alto dovrà essere il surplus primario per tranquillizzare gli investitori? Dipende dal livello del debito: quanto più è elevato, quanto più onerosi sono gli interessi da ripagare, tanto più alto dovrà essere il surplus primario. Ma mantenere un surplus primario cospicuo nel tempo non è facile: vuol dire tassare di più i propri cittadini oppure spendere di meno per i servizi pubblici. Il che non fa bene all'economia e neppure alle elezioni.

È questo il motivo per cui quanto più alto è il debito pubblico, tanto più gli investitori potrebbero pensare che lo stato decida di non ripagarlo: perché farebbe troppo male economicamente e politicamente alzare e tenere alto nel tempo il surplus primario. Quindi, quanto più elevato è il debito pubblico (misurato rispetto al Pil, ovvero rispetto alle risorse con cui, attraverso la tassazione, si può alzare il surplus primario), tanto più elevato è il rischio di una crisi di fiducia verso lo stato e di una crisi sul mercato dei titoli di stato.

Complichiamo ora un po' le cose. Il surplus primario necessario per evitare crisi non dipende soltanto dal livello del debito, ma anche da altri fattori. Due sono particolarmente importanti: il primo è il tasso di crescita dell'economia; il secondo è il tasso d'interesse sul debito pubblico. Questi fattori sono discussi nella sezione seguente, che ci servirà anche a capire perché, a parità di rapporto tra debito e Pil, certi paesi sono colpiti da crisi mentre altri restano immuni.

Come il tasso di crescita del Pil e il tasso di interesse sul debito influenzano la sostenibilità del debito

Cominciamo dal tasso di crescita del Pil. Se l'economia cresce rapidamente, il debito pubblico può aumentare più in fretta senza un aumento del surplus primario necessario a sostenerlo, perché il peso del debito sarà eroso dalla crescita del Pil stesso (che misuriamo rispetto al Pil). La crescita del Pil, quindi, svolge il lavoro che dovrebbe essere svolto dal surplus primario nel contenere l'aumento del debito. C'è anche un altro fattore: se si cresce rapidamente, è forse anche più facile politicamente mantenere un surplus primario più elevato. Mi fermo qui perché i vantaggi della crescita per contenere il rapporto tra debito e Pil saranno approfonditi nel capitolo 13.[2]

Passiamo al secondo fattore, il tasso d'interesse sul debito pubblico: quanto più alto è il tasso, tanto più alti sono gli interessi che lo stato deve pagare. Non tutti i debiti sono uguali: ci sono debiti che pesano tanto perché su questi si deve pagare un tasso di interesse alto, e debiti più leggeri perché il tasso è basso. Il surplus primario richiesto per sostenere debiti "leggeri" è minore e quindi il debito diventa più sostenibile (una questione che verrà discussa, rispetto a un caso concreto, quello dei prestiti alla Grecia, nel capitolo 8). Quindi, paesi che, strutturalmente (è bene sottolinearlo), pagano tassi d'interesse più bassi possono sostenere un più elevato rapporto tra debito e Pil, perché possono mantenere un surplus primario inferiore per pagare gli interessi sul debito.

Si potrà obiettare che qui il gatto si morde la coda: il tasso di interesse sul debito dipende dal debito stesso perché, lo abbiamo visto, più alto è il debito, maggiore è il rischio di non essere pagati e gli investitori vorranno essere compensati da un più alto "premio al rischio". Ma il tasso d'interesse sul debito non dipende solo dal livello del debito, dipende da varie altre cose. Vediamole.

Innanzitutto fa una grande differenza se il debito è detenuto da investitori nazionali o esteri. Abbiamo visto nel capitolo 1 che gli investitori esteri sono di solito i primi a scappare quando ci sono problemi e che, se il debito è detenuto all'estero, la tentazione per lo stato di non pagare è maggiore. Perciò un debito interno è meno soggetto al rischio di non essere rimborsato dallo stato e quindi il tasso di interesse su questo debito sarà più basso. Abbiamo già detto nel capitolo 1 che questo è uno dei motivi per cui il debito pubblico giapponese, per quanto alto, sembra comportare un rischio minore.

Conta anche la scadenza media del debito. Se è bassa, ogni mese lo stato deve sottoporsi al giudizio del mercato per importi elevati, il che rende più rischioso l'esercizio di equilibrismo che deve affrontare: il premio al rischio tende a essere più elevato.

Secondo qualcuno, è rilevante anche la misura del debito privato di un paese, perché se esso è molto elevato è possibile che lo stato se ne debba in parte far carico se qualcosa va storto, anche in assenza di una garanzia specifica. Questo argomento è stato usato durante la crisi del 2011-2012 in Italia per spiegare quanto "ingiusto" fosse concentrarsi solo sull'elevatezza del debito pubblico, mentre quello privato è basso rispetto agli altri paesi. Non trovo però questo argomento molto convincente: è chiaro che è meglio avere un debito privato basso, ma l'evidenza empirica che questo influenzi in modo rilevante le preferenze degli investitori è piuttosto scarsa. In ogni caso, quello che conta non è tanto l'ammontare del debito privato, quanto il rischio che i settori indebitati richiedano l'intervento dello stato per sostenerli, o per sostenere le banche che hanno prestato a chi non può ripagarle. Sappiamo che in molti paesi (tra cui Irlanda, Spagna, Regno Unito, e perfino Germania) il debito pubblico è aumentato rapidamente per la necessità di salvare le banche tra il 2009 e il 2012. In Italia il supporto che è stato necessario dare alle banche in quel periodo è stato limitato, ma sappiamo che il problema delle elevate sofferenze bancarie (i prestiti di cattiva qualità, che è difficile incassare) è solo ora in via di risoluzione. In conclusione, il basso debito privato italiano non ci può rassicurare troppo.

Infine, è molto importante quanto debito sia detenuto

dalla banca centrale di un paese. Come abbiamo visto nel capitolo 1, è come se quella parte di debito non esistesse: lo stato paga interessi anche sul debito detenuto dalla banca centrale, ma quegli interessi aumentano i profitti della banca centrale che poi a fine anno li restituisce allo stato. Quindi, quanto più alta è la parte detenuta dalla banca centrale, tanto più sostenibile è il debito pubblico (che, come abbiamo visto nel capitolo 1, nelle statistiche ufficiali include il debito verso la banca centrale), perché quella parte di debito non contribuisce a mettere pressione sui tassi d'interesse. Al momento, una parte elevata del debito pubblico di diversi paesi, dal Giappone agli Usa, al Regno Unito, è detenuta dalle proprie banche centrali, il che ne facilita il finanziamento. La stessa Banca centrale europea ha aumentato molto gli acquisti di titoli di stato per aumentare la liquidità dei mercati e stimolare l'attività economica. Prima che concludiate che allora c'è un modo semplice per risolvere il problema del debito pubblico, ricordatevi però che troppo finanziamento del debito da parte della banca centrale può causare un'eccessiva inflazione. Come ho già detto, esploreremo questo tema nel capitolo 6 in cui si discute se stampare moneta possa contribuire a ridurre il debito pubblico.

Ma, in pratica, quand'è che il rapporto tra debito e Pil diventa un elemento di rischio?

Sarete stanchi di questo elenco di fattori che, in teoria, possono influenzare il rischio legato a un certo rapporto tra debito e Pil. C'è una conclusione? Una ovvia è che il giudizio sull'ammontare di debito che un paese può sostenere senza avere grossi problemi dipende da diversi elementi, il che spiega come mai non tutti i paesi abbiano la stessa intolleranza al debito. Detto questo, però, mi posso sbilanciare con qualche numero citando studi del Fondo monetario internazionale.

Il Fondo distingue tra paesi emergenti e paesi avanzati, una distinzione giustificata dal fatto, per esempio, che i mercati finanziari sono più sviluppati nei paesi avanzati e quindi è più facile prendere a prestito sui mercati interni a tassi d'interesse relativamente contenuti. Secondo il Fondo, se siete un paese emergente, quindi con mercati finanziari meno sviluppati e magari una quota elevata del proprio debito detenuta all'estero, dovreste preoccuparvi se avete un debito superiore al 70 per cento del Pil. Se siete un paese avanzato (come l'Italia), dovrete preoccuparvi quando il debito supera l'85 per cento del Pil.

Calma e sangue freddo. Non impressionatevi troppo se l'Italia ha un debito superiore al 130 per cento del Pil. Le "soglie di preoccupazione" del Fondo sono piuttosto approssimative e, soprattutto per i paesi avanzati, hanno una base statistica molto limitata. Inoltre, come ho detto, ci sono tanti fattori da considerare per valutare i rischi derivati da un certo rapporto tra debito e Pil. Ma, se un debito pubblico elevato non è una condizione sufficiente per una crisi, è almeno una condizione necessaria. E certo il debito pubblico italiano sta a un livello che ci lascia esposti a rischi non indifferenti, se non nell'immediato, almeno nel medio periodo.

Perché dovremmo preoccuparci visto che i tassi d'interesse sono bassi?

Ma, si potrà dire, l'Italia si sta finanziando al momento a tassi d'interesse molto bassi, il che denota uno scarso rischio. Sui titoli decennali i tassi d'interesse sono ben al di sotto del 2 per cento. Tenendo conto di un po' di inflazione nei prossimi decenni, il tasso di interesse reale (cioè corretto per l'inflazione) è quasi zero, o persino negativo, se si assume che l'inflazione torni prima o poi verso il 2 per cento, l'obiettivo della Banca centrale europea. Lo spread con i titoli tedeschi non è più tornato ai livelli precedenti la crisi del 2008 (quando era di pochi decimi di punto) ma è comunque basso (circa 100 punti base) rispetto ai picchi raggiunti a fine 2011 (550 punti base). Perché dovremmo preoccuparci?

Dobbiamo preoccuparci perché, finché abbiamo un debito pubblico di queste dimensioni, restiamo esposti a shock che possono colpire l'economia mondiale, europea e italiana, e resteremo in balia della reazione eccessiva che i mercati finanziari possono avere quando questi shock si verificano: in breve, restiamo schiavi dei mercati finanziari.

Per valutare questo rischio è essenziale capire che i mercati finanziari possono cambiare idea molto in fretta – lo abbiamo visto con gli esempi all'inizio di questo capitolo – e, se cambiano idea, il cambiamento può essere repentino e spesso esagerato: si possono creare facilmente circoli viziosi che conducono a un rapido spostamento dell'equilibrio del mercato (gli economisti parlano di "equilibri multipli" per spiegare questi mutamenti improvvisi nei comportamenti dei mercati). Supponiamo che qualcuno cominci ad avere dubbi sulla possibilità che lo stato italiano ripaghi il proprio debito. Alcuni investitori venderanno titoli di stato e, per farglieli ricomprare, lo stato dovrà pagar loro un tasso di interesse più alto. Se il debito è basso, questo non cambia molto. Ma quando il debito è alto, l'impatto sui conti pubblici è più forte. Un aumento iniziale dei tassi d'interesse quindi preoccupa di più quando il debito è alto e, se preoccupa di più, i tassi d'interesse aumenteranno ancora. C'è quindi il rischio di avviare una reazione a catena con sempre più investitori che pensano che il debito possa diventare insostenibile. Ma più il tasso di interesse aumenta, più il debito diventa effettivamente insostenibile, perché richiede un surplus primario più elevato che è difficile mantenere nel tempo. Inoltre, aumentare il surplus primario vuol dire far pagare più tasse o tagliare la spesa, il che ha un impatto recessivo per l'economia. Il Pil scende e i mercati si preoccupano ancora di più. E questo processo si può sviluppare in modo molto rapido e improvviso.

È quel che è successo nel 2011 e nel 2012: una crisi improvvisa e violenta alimentata anche dal timore che tutto questo avrebbe portato l'Italia al di fuori dell'area dell'euro. Il che comportava anche un rischio addizionale per gli investitori, quello di essere ripagati non in euro ma in "nuove lire". Come abbiamo sperimentato, una crisi di questo genere può avere ripercussioni fortissime sull'economia: diventa difficile prendere a prestito non solo per lo stato ma per le banche, le imprese, le famiglie italiane. L'economia reale ne risente. Dal 2011 al 2013 abbiamo perso più di 4 punti di Pil reale, una bella botta. E ancor di più abbiamo perso rispetto a quello che il Pil avrebbe potuto essere se avessimo continuato a crescere.

Fra l'altro, questi circoli viziosi sono tanto più pericolosi e violenti quanto più è stretto il legame tra settore bancario e settore pubblico. Se una parte elevata dell'attivo bancario è investita in titoli di stato, un aumento dei tassi d'interesse sui titoli di stato e una loro perdita di valore colpiscono immediatamente il patrimonio delle banche e possono sorgere dubbi sulla solidità del sistema bancario: da una crisi del mercato dei titoli può derivare una crisi bancaria. In Italia la quota dell'attivo bancario investita in titoli di stato è di quasi il 20 per cento, circa il doppio della Germania e più del doppio della Francia e degli Stati Uniti.

Tutto sommato, non ci si può quindi fidare del fatto che i tassi d'interesse siano bassi oggi. La tentazione di spendere di più (o di tagliare le tasse) è forte ma non ci si può far prendere dall'ottimismo.

Ci sarà qualcuno che dice: ma ora abbiamo la rete di protezione della Banca centrale europea che tiene i tassi d'interesse bassi. Dobbiamo certamente ringraziare la Bce per aver salvato l'euro nel 2012 e per sostenere ora la ripresa economica con tassi d'interesse bassi e un programma massiccio di acquisti di titoli di stato, compresi quelli italiani. Ma non durerà per sempre. Una volta che l'economia si sarà ripresa, i tassi d'interesse (e probabilmente anche la differenza tra tassi d'interesse e tasso di crescita, che è quella che influisce sul rapporto tra debito e Pil) ricominceranno a salire.

C'è poi un punto di cui molti si dimenticano, ma che è essenziale. È chiaro che l'azione di supporto che la Banca centrale europea sta dando al mercato dei titoli di stato è almeno in parte influenzata dal fatto che il processo di aggiustamento della finanza pubblica continui nel tempo. O, mettendola in termini un po' più espliciti, il processo di risanamento dei conti pubblici nell'area dell'euro potrebbe essere la condizione necessaria perché i tedeschi (e, in generale, i nordici dell'area dell'euro) accettino un comportamento più espansivo da parte della Banca centrale europea.

In conclusione, il debito pubblico italiano è alto non solo rispetto alla nostra storia, non solo rispetto agli altri paesi (come già discusso nel capitolo 1), ma anche rispetto al rischio di una possibile crisi finanziaria che avrebbe pesanti effetti sull'economia italiana: siamo ancora schiavi dell'umore dei mercati finanziari e ci dobbiamo liberare riducendo il debito pubblico.

Un elemento di ottimismo

Non vorrei avervi spaventato troppo. È vero che il nostro debito pubblico è alto rispetto alle soglie che ci metterebbero al riparo dal rischio di crisi. E, come vedremo, ci vorrà del tempo per scendere al di sotto di queste soglie. Ma c'è un elemento importante che ci conforta. L'esperienza degli altri paesi mostra che il rischio di una crisi è influenzato non solo dal livello del debito pubblico, ma anche dal fatto che stia crescendo o che si stia riducendo. Lavori che sto conducendo con colleghi del Fmi (Antonio Bassanetti e Andrea Presbitero) mostrano che, se il rapporto tra debito e Pil si sta riducendo di circa 3 punti percentuali l'anno (in linea con quanto ipotizzato nei piani del governo italiano), la probabilità di una crisi scende di quasi il 30 per cento a parità di livello di debito rispetto al caso in cui il debito sia costante rispetto al Pil (e ancora di più rispetto al caso in cui, come negli anni scorsi, il debito sta crescendo). Questo ha senso: se i mercati pensano che un processo di aggiustamento sia stato avviato in modo credibile, guarderanno in avanti e si rassicureranno. Se invece il debito è non solo alto, ma anche crescente, allora sono guai.

È quindi importante avviare la riduzione del debito pubblico: ne beneficeremo anche prima che il debito sia calato sotto il livello cui è appropriato mantenerlo nel lungo periodo.

3.
Quando il debito pubblico riduce la crescita economica?

> "Una di queste due cose deve succedere: o la nazione distruggerà il debito pubblico o il debito pubblico distruggerà la nazione."
>
> DAVID HUME, *Saggio sul debito pubblico*

Abbiamo visto che dubbi sulla capacità dello stato di ripagare i propri debiti possono causare una crisi finanziaria ed economica in cui il Pil scende molto al di sotto di quello che un paese potrebbe produrre. Ma un elevato debito pubblico può influire negativamente sul nostro reddito anche in assenza di una crisi finanziaria. Possono operare almeno due meccanismi: il primo è di ridurre lo spazio che lo stato ha per sostenere la domanda di beni e servizi e quindi la produzione attraverso aumenti di spesa pubblica o tagli di tasse in caso di una recessione economica; il secondo è di ridurre le potenzialità di crescita dell'economia. In questo capitolo chiariremo questi due meccanismi.

Per farlo però occorre prima mettere a fuoco alcuni concetti che gli economisti usano spesso per spiegare cosa determini il Pil e come questo venga influenzato dalla politica fiscale, nel bene e nel male.

Questo è un capitolo essenziale per capire non solo i vantaggi che possono derivare dalla riduzione del debito, ma anche i possibili costi che si possono affrontare nel processo di riduzione. Vorrei quindi chiedervi un po' d'attenzione. Ne vale la pena (certo che David Hume si poteva permettere di essere più tranchant...).

Pil, Pil potenziale e politica fiscale

Immaginatevi l'economia italiana come una fabbrica che produce, per esempio, automobili (riprenderemo questo esempio altre volte nel resto del libro, per cui assumete pure una posa alla Marchionne). Quanto produrrà questa fabbrica? Be', supponiamo che la fabbrica possa produrre, in condizioni normali, cioè senza far surriscaldare troppo gli impianti o far fare troppi straordinari agli operai, mille automobili l'anno. È quello che gli economisti chiamano Pil potenziale, quello che virtualmente l'economia può produrre. La fabbrica produrrà però effettivamente mille automobili solo se pensa di poterne vendere mille (assumiamo anche che non abbia bisogno di rimpolpare le proprie scorte, né di ridurle). Quindi, nel breve periodo (altro termine molto usato dagli economisti e che, in questo caso, significa "senza aumentare la capacità produttiva", ovvero il Pil potenziale), la quantità di auto prodotte dipende dalla domanda di macchine. Ora, spostiamoci dalla fabbrica di automobili all'intera economia. A questo punto occorre guardare alla domanda per tutti i beni e servizi che l'economia può produrre (e non solo a quella per auto): per indicarla, gli economisti parlano di "domanda aggregata" e, così come per la fabbrica di automobili nel breve periodo quanto si produce dipende da quante macchine vengono richieste, quanto si produce nel paese (il Pil) nel breve periodo dipende dalla domanda aggregata, cioè la domanda complessiva di beni e servizi (purché sia più bassa del Pil potenziale dell'economia). Questa è l'essenza della teoria della determinazione del reddito sviluppata da Keynes negli anni trenta nella sua "Teoria generale dell'occupazione, interesse e moneta", teoria definita generale proprio perché valeva anche quando l'economia non operava al suo massimo potenziale.

Allora, nel breve periodo il Pil dipende dalla domanda. Tuttavia, quando la fabbrica raggiunge la produzione di mille, un ulteriore aumento della domanda non può determinare un aumento della produzione: per un po' si può portare la produzione al di sopra del potenziale ma al prezzo di surriscaldare gli impianti. In questo caso, probabilmente la fabbrica deciderà di aumentare i prezzi delle auto, in risposta a una maggiore domanda, invece di rischiare che gli impianti saltino. Lo stesso vale per l'economia nel suo complesso: nel lungo periodo (cioè quando l'economia opera a piena capacità), il Pil dipende dal Pil potenziale e la sua crescita è determinata da quanto cresce la capacità di produrre, da quanto "la fabbrica Italia" riesce ad aumentare il proprio potenziale.

Come il Pil è influenzato dal deficit e dal debito pubblico nel breve periodo?

Armati di questi concetti, arriviamo ora al punto: com'è influenzato il Pil dalla politica fiscale? Vediamo prima di tutto cosa succede nel breve periodo, cioè quando il Pil è determinato dalla domanda (di automobili, nel nostro esempio, o dalla domanda aggregata, nella realtà). Una riduzione del deficit pubblico (un aumento delle tasse o un taglio della spesa) causerà, a parità di altre condizioni, un calo della domanda, perché la gente avrà meno soldi in tasca. Quindi, nel breve periodo meno deficit pubblico causa, di solito, una minore crescita e minore Pil. Viceversa, un aumento del deficit pubblico ha un effetto espansivo sulla domanda e sul Pil (a meno che l'economia non stia già producendo il massimo che possa produrre – le mille auto nell'esempio precedente –, nel qual caso l'unica cosa che può aumentare sono i prezzi). Questo è il motivo principale per cui si dice che l'austerità fiscale fa male e che bisogna essere masochisti per sostenerne la necessità.

Non si può negare – anche se alcuni economisti lo sostengono e in certe condizioni può essere vero – che nel breve periodo una stretta fiscale faccia male alla domanda aggregata. Ciò non vuol dire che sia sempre sbagliata: è necessaria, per esempio, quando l'economia si sta surriscaldando. Oppure quando serve a evitare guai anche peggiori: come abbiamo visto nel capitolo precedente, può essere necessaria per evitare una crisi finanziaria.

Abbiamo finora parlato degli effetti del deficit pubblico sulla crescita. Passiamo al debito pubblico. Se è elevato, può costituire un freno alla crescita anche nel breve periodo: per lo stato sarà più difficile aumentare il proprio deficit (ridurre le tasse o aumentare la spesa per mettere più soldi in tasca a famiglie e imprese e sostenere l'economia) perché un deficit elevato accelera l'accumulazione di debito, il che potrebbe causare una crisi di fiducia. Condurre politiche keynesiane di sostegno alla domanda diventa quindi più difficile quando il debito è alto. È all'incirca quel che è successo all'Italia nel 2008 e nel 2009 quando, come abbiamo visto nel capitolo 1, il sostegno che il bilancio pubblico poteva dare all'economia è stato più contenuto che in altri paesi: l'elevato debito pubblico ci impediva di intervenire tanto quanto hanno potuto fare paesi a debito più basso.[1]

Occorre quindi ridurre il debito anche per consentire alla politica fiscale di poter essere usata per sostenere l'attività economica se necessario, per creare "spazio fiscale" come dicono alcuni.

Debito pubblico e Pil potenziale

Il livello del debito pubblico può anche influire su quanto un paese può produrre, sul Pil potenziale. E questo avviene in modo strisciante, senza una crisi economica aperta. Il paese, più che soffrire di un attacco cardiaco, deperisce lentamente. Banalizzando un po', i media parlano talvolta di "peso del debito che frena la crescita". Si tratta di un problema reale ma è importante stabilire come e perché un debito elevato può ridurre le potenzialità di crescita.

Riprendiamo l'esempio della fabbrica. Come abbiamo visto, nel lungo periodo la quantità di auto prodotte dipende dalla capacità della fabbrica di produrre, cioè dal suo Pil potenziale. Il Pil potenziale dipende dall'occupazione e dagli impianti e quindi dagli investimenti che un'impresa è disposta a fare.

Ora, ci sono due modi per spiegare perché un elevato debito pubblico può frenare gli investimenti. Il primo modo è che un debito elevato, se si vuole evitare una crisi, richiede un surplus primario più elevato e, quindi, bisogna tassare di più, penalizzando le attività produttive. È un'idea vecchia come la teoria economica. Ne parlava già David Ricardo nei suoi *Principi di economia politica e di tassazione* (pubblicato nel 1817; ne trovate un riferimento al sito http://resistir.info/livros/david_ricardo_on_public_debt.pdf): un imprenditore può decidere di investire all'estero se le tasse che servono per il servizio del debito pubblico sono troppo alte (è un concetto importante su cui torneremo nel capitolo 11). Questo argomento viene anche usato in termini prospettici: il debito dovrà prima o poi essere ripagato e risanare il debito vuol dire aumentare le tasse.

Il secondo modo di spiegare l'effetto frenante di un elevato debito pubblico è invece focalizzato sull'effetto del debito sui tassi d'interesse: un debito pubblico elevato tenderà a rendere più difficile per l'impresa prendere a prestito, perché una quota maggiore dei risparmi disponibili all'economia sarà assorbita dal debito pubblico. I tassi d'interesse saranno, a parità di altre condizioni, più elevati, e gli investimenti in nuovi impianti per aumentare la produzione saranno più bassi. È il meccanismo che gli economisti chiamano "crowding out" (spingere fuori a causa dell'affollamento): troppo debito pubblico spinge fuori dal portafoglio dei risparmiatori (o di chi intermedia il credito, come le banche) il debito privato (quello che serve a finanziare gli investimenti privati e lo stock di capitale). Lo stato assorbe dunque risorse che potrebbero essere utilizzate per investimenti privati e, quindi, per far crescere l'economia. Diversi modelli teorici sono disponibili per spiegare in maggior dettaglio questo meccanismo.[2] Nelle parole di Alan Greenspan – presidente della Federal Reserve, la Banca centrale americana, dall'agosto 1987 al gennaio 2006:

Ho da tempo sostenuto che ripagare il debito pubblico fa bene all'economia: serve a tenere i tassi d'interesse più bassi di quanto sarebbero altrimenti e a liberare risparmio per finanziare aumenti dello stock di capitale, stimolando in questo modo la produttività e i redditi reali.[3] (*Discorso tenuto il 27 aprile 2001*)

Questa la teoria. Ma cosa ci dicono i fatti? Se prendiamo i due paesi avanzati che negli ultimi due decenni hanno avuto un debito pubblico più elevato – Giappone e Italia –, effettivamente ci viene da pensare che un debito pubblico alto sia associato a una minore crescita di lungo periodo. Italia e Giappone, nei vent'anni precedenti la crisi del 2008-2009, avevano il più basso tasso di crescita tra i paesi avanzati. È una regolarità che vale in generale? Inoltre, sento già qualcuno ribattere che l'effetto, in realtà, va in senso opposto: se un paese cresce poco, le entrate dello stato saranno inferiori, i deficit più alti e quindi il debito aumenterà. La linea di causalità potrebbe essere inversa: non è l'alto debito ad abbassare la crescita, ma è la bassa crescita ad alzare il debito.

Occorre quindi usare tecniche di analisi statistica che tengano conto della possibile linea di causalità inversa. La maggior parte dei lavori che utilizzano queste tecniche ha concluso che un debito più elevato riduce la crescita potenziale, proprio perché comporta tassi d'interesse più alti e investimenti privati più bassi. Secondo alcuni di questi studi, un po' di debito pubblico aumenta la crescita potenziale di un paese (forse perché, per esempio, serve a finanziare utili infrastrutture) ma al di là di una certa soglia – intorno al 40-50 per cento del Pil, secondo alcuni studi, all'80-90 secondo altri – causa una riduzione della crescita potenziale.[4] Di quanto? Uno studio degli economisti del dipartimento di Finanza pubblica del Fondo monetario internazionale (Manmohan S. Kumar e Jaejoon Woo, che trovate al sito https://www.imf.org/external/pubs/ft/wp/2010/wp10174.pdf) ha concluso che un paese con un debito del 120 per cento del Pil, a parità di altre condizioni, tenderà ad avere una crescita potenziale più bassa dell'1 per cento l'anno rispetto a un paese con un debito pubblico del 60 per cento del Pil. Non è poco: questo è l'effetto sul tasso di crescita annuo, il che vuol dire che, dopo vent'anni, si sarà creato un differenziale nel livello del Pil pari al 22 per cento, una bella differenza.

Alcuni studi hanno però concluso che non conta soltanto il livello del rapporto tra debito e Pil, ma anche se il rapporto stia salendo o scendendo. Un lavoro di alcuni economisti del dipartimento di Ricerca del Fondo monetario internazionale (Andrea Pescatori, Damiano Sandri e John Simon; vedi https://www.imf.org/external/pubs/ft/wp/2014/wp1434.pdf) trova sì una relazione tra debito e crescita (seppur non ci sia una soglia specifica), ma anche che la relazione sparisce se il debito sta scendendo. È un fatto importante: il debito pubblico italiano (a meno di cure da cavallo che sarebbe meglio evitare) resterà elevato per parecchio tempo, ma se gli effetti negativi del debito sono attenuati nel caso in cui questo cominci a scendere, allora possiamo essere più fiduciosi sul nostro futuro, come già notato alla fine del capitolo precedente.

Tutto sommato, credo ci sia abbastanza evidenza empirica da concludere che paesi con un elevato debito pubblico tenderanno a crescere meno, soprattutto se il debito non si sta riducendo a un passo adeguato. Si noti che questo è un canale che opera indipendentemente da quello discusso nel capitolo precedente e relativo alla possibilità che un paese con alto debito possa incorrere in una crisi finanziaria (che pure ha un effetto sulla crescita). Il meccanismo descritto in questa sezione – il crowding out – opera anche in assenza di crisi finanziaria. È un processo lento e poco visibile, ma non per questo meno rilevante.

4.
Debito pubblico e morale

> "La pratica dell'indebitamento ha gradualmente indebolito ogni stato che l'ha adottata."
>
> ADAM SMITH, *La Ricchezza delle Nazioni, Libro V*

Qui ci vorrebbe un filosofo più che un economista. Eppure, gli argomenti morali per spiegare perché il debito pubblico debba essere ridotto sono piuttosto comuni, soprattutto tra i politici. Da economista, penso che gli argomenti economici siano più che sufficienti, ma non sottovaluterei l'importanza di quelli politico-morali, anche se talvolta hanno basi oggettive piuttosto incerte. Ma fanno presa sul pubblico e servono a catalizzare il consenso.

I nostri figli

L'argomento morale più diffuso è che non è giusto scaricare sui nostri figli le colpe della nostra prodigalità. Non possiamo lasciare in eredità i nostri debiti. Questo argomento, per quanto mediaticamente attraente, è però valido per intero solo se il debito è detenuto esclusivamente da stranieri che prestano soldi allo stato (cioè a noi) oggi e che dovranno essere ripagati dallo stato (cioè dai nostri figli) domani. Se invece il debito è interno, il ragionamento non tiene. Se il debito è detenuto da residenti vuol dire che, oggi, qualcuno tra i residenti presta soldi allo stato che li spende a favore di altri (o di tutti i) residenti. Quando, domani, il debito dovrà essere ripagato, i nostri figli (i residenti di domani) saranno tassati per ripagare altri residenti (i detentori di titoli di stato di domani, che sempre nostri figli sono e che ricevono in eredità i titoli di stato). Insomma, si lascia in eredità il debito, ma anche il credito. Anche qualche politico si è accorto, e da tempo, della fallacia di questo argomento, incluso il presidente americano Roosevelt, che in un discorso del 22 maggio 1939 disse:

> Il nostro debito pubblico, dopo tutto, è un debito interno che non solo è dovuto dalla nazione, ma anche alla nazione. Se i nostri figli devono pagare un interesse su di esso, pagheranno un interesse a se stessi.

Come abbiamo visto, il debito pubblico italiano è per due terzi detenuto da italiani, per cui questo argomento non è particolarmente forte. Ciò detto, rimandare a domani – ai nostri figli – le difficili decisioni che sono richieste quando si vuole ridurre il debito pubblico vuol dire comunque continuare a esporre il paese ai costi e ai rischi impliciti di un elevato debito pubblico: vuol dire almeno lasciare in eredità quelle difficili scelte, minando le capacità di crescita del paese nei decenni futuri.

Il debito è peccato

Passiamo ad altri argomenti. La visione morale spiega in parte l'avversione al debito pubblico dei paesi nordici europei (per esempio, la Germania, la Finlandia, l'Olanda) e, in parte, della destra americana. L'idea è che indebitarsi sia di per sé una colpa. La parola tedesca per colpa è *Schuld*, e il suo plurale (*Schulden*) viene utilizzato per indicare i debiti (una parentela che peraltro sembra esistere anche in altre lingue, tra cui l'ebraico, l'aramaico e il sanscrito, come notato da Elettra Stimilli in un'intervista al "Manifesto" del 6 luglio 2015).[1] Per evitare di creare debito, il bilancio dello stato dovrebbe essere, almeno nella media di diversi anni, in pareggio. Indebitarsi vuol dire rimandare a domani i problemi, pensare che oggi sia giusto consumare più di quanto si ha, il che è segno di una propensione a procrastinare, di un'incapacità di prendere decisioni se sono difficili e dolorose. Ma, come dicono sempre i tedeschi: *Lieber ein Ende mit Schrecken als ein Schrecken ohne Ende*, che più o meno significa: meglio una fine dolorosa che un dolore senza fine, ossia è sbagliato procrastinare.

Il debito pubblico come sintomo di deresponsabilizzazione

C'è anche un'altra interpretazione dell'avversione di certi paesi all'aumento del debito pubblico e quindi a mantenere in deficit il bilancio statale: lo si vede come il riflesso di una tendenza a scaricare sul settore pubblico responsabilità che questo non dovrebbe avere. Si chiede, in altri termini, allo stato di dare più di quanto i cittadini siano disposti a versare attraverso il pagamento delle tasse, il che vuol dire scaricare su un'entità percepita come esterna, in quanto collettiva, le proprie inadeguatezze individuali.[2]

Una simile visione dell'indebitamento pubblico è presente in buona parte della destra americana. Diversi politici conservatori statunitensi hanno spesso utilizzato argomenti di questo genere. È curioso notare come sia frequentemente utilizzata da questi politici, a sostegno della tesi che il debito pubblico è moralmente sbagliato perché implica assistenza invece che responsabilità, una citazione attribuita a Cicerone:

> Il bilancio deve essere equilibrato, il tesoro ripianato, il debito pubblico ridotto, l'arroganza della burocrazia moderata e controllata, e l'aiuto alle nazioni estere tagliato, per far sì che Roma non vada in bancarotta. Il popolo deve imparare di nuovo a lavorare, invece di vivere di assistenza pubblica.

L'attribuzione della citazione è falsa,[3] ma dà l'idea delle motivazioni con cui alcuni conservatori americani giustificano la necessità di eliminare il deficit pubblico e ridurre il debito.

Uno sguardo oggettivo

Ora, questi argomenti "morali" hanno una base oggettiva abbastanza limitata, se portati all'estremo, cioè se usati per sostenere la necessità di eliminare il debito pubblico o di pareggiare il bilancio in ogni circostanza. Sull'avversione al deficit, si potrebbe notare che la definizione di deficit nel bilancio dello stato è piuttosto restrittiva, in effetti più di quella utilizzata per il bilancio di un'impresa privata. Questo perché le spese dello stato includono anche spese di investimento (per costruire scuole, strade eccetera) che aumentano il capitale pubblico, ossia la ricchezza del paese (e le spese di investimento non sono considerate un costo per un'impresa privata, in cui solo il deprezzamento del capitale investito è considerato un costo). Questo approccio prudenziale nel definire il deficit pubblico è in buona parte giustificato dal punto di vista economico, per esempio perché anche gli investimenti comportano un accumulo di debito lordo che espone lo stato a rischi. Ma se lo stato investe, non sta spendendo per consumare e parte della forza dell'argomento morale contro il debito viene meno.

Ciò detto, gli argomenti "morali" non sono del tutto infondati. Alti deficit sono spesso il riflesso di una cultura incline a scaricare sul collettivo spese e responsabilità che dovrebbero essere sostenute dagli individui, tendendo a deresponsabilizzarli. Credo che dietro alla difficoltà di controllare la spesa pubblica in Italia ci sia anche questa inclinazione a collettivizzare responsabilità individuali. Sono stato colpito, qualche tempo fa, da un dibattito televisivo in cui si discuteva della possibilità che lo stato dovesse farsi carico dei costi aggiuntivi che una coppia deve affrontare quando si separa. In realtà, il dibattito non verteva tanto sulla questione se lo stato dovesse sostenere o meno questi costi, dandosi quasi per scontato che lo dovesse fare: il dibattito era se tale responsabilità dovesse includere anche le coppie di fatto.

Vale la pena anche di notare che l'avversione morale al debito pubblico, alla collettivizzazione dei costi e all'assistenzialismo di stato non è un monopolio della destra. Come diceva Kennedy: "*Ask not what your country can do for you, ask what you can do for your country*" (Non chiedere cosa il tuo paese possa fare per te, chiedi cosa tu possa fare per il tuo paese). E non si possono non ricordare a questo proposito i due famosi discorsi di Enrico Berlinguer sull'austerità come valore della sinistra:

> L'austerità significa rigore, efficienza, serietà, e significa giustizia; cioè il contrario di tutto ciò che abbiamo conosciuto e pagato finora, e che ci ha portato alla crisi gravissima i cui guasti si accumulano da anni e che oggi si manifesta in Italia in tutta la sua drammatica portata. (*15 gennaio 1977*)

> Una società più austera può essere una società più giusta, meno diseguale, realmente più libera, più democratica, più umana. (*30 gennaio 1977*)[4]

Viceversa, l'indifferenza all'accumulo di debito pubblico è diffusa anche a destra. Ronald Reagan diceva che: "Il debito pubblico è abbastanza grande da badare a se stesso". Non per niente, durante le due presidenze Reagan il debito pubblico americano aumentò dal 40 al 60 per cento del Pil, nonostante la forte crescita del Pil stesso. Lo stesso vale nel nostro paese dove la destra (dopo Minghetti almeno... e con qualche importante eccezione) non è stata mai particolarmente prudente in termini di finanza pubblica.

In sostanza, imporre un vincolo di bilancio allo stato e alle altre amministrazioni pubbliche è coerente con la necessità di evitare che "paghi sempre Pantalone" e di responsabilizzare gli individui. E questo è un principio che dovrebbe essere riconosciuto sia dalla destra sia dalla sinistra. I due schieramenti potranno non essere d'accordo su come lo stato debba rispettare il proprio vincolo di bilancio, ma non sul fatto che accumulare debito in quantità eccessiva sia un problema. Quello che caratterizza la consapevolezza dell'esistenza di un vincolo di bilancio non è una colorazione politica ma, semmai, la tendenza ad avere una visione di lungo termine nel compiere scelte di politica economica. Chi riconosce l'esistenza di un vincolo di bilancio privilegia una visione di lungo periodo. Se si vuole, anche questa visione di lungo periodo fa parte di una visione morale del mondo. Ma qui sto forse filosofeggiando un po' troppo, fuorviato dalla natura del capitolo. *Tiremm innanz!*

5.
Che fare?

> "Dopo aver eliminato l'impossibile, ciò che resta, per quanto improbabile sia, deve essere la verità."
>
> SIR ARTHUR CONAN DOYLE

Nonostante il titolo "leninista" di questo capitolo, una domanda di questo genere non è di destra né di sinistra, proprio come il vincolo di bilancio. Questo breve capitolo fa da cerniera tra la prima parte, che ha spiegato perché il debito pubblico può diventare un problema se supera certe soglie, e il resto del libro, che discute le possibili soluzioni.

Ricapitoliamo: troppo debito pubblico fa male per tre motivi. Primo, ci espone a rischi di instabilità finanziaria che possono causare danni severi all'intera economia. Secondo, un debito elevato rallenta la crescita potenziale e ci impedisce di stabilizzare l'economia attraverso la politica fiscale in presenza di shock. Il terzo motivo (meno concreto senza dubbio, ma convincente per molti) è quello "morale": accettare di vivere con un debito alto ci abitua a scaricare sulla collettività responsabilità che sono di ogni individuo.

Tengo a sottolineare che, pur riconoscendo che il debito possa diventare un problema, è necessario evitare posizioni estreme. Prima di tutto, quando si parla di ridurre il debito si parla di ridurlo rispetto al Pil, il che vuol dire che il debito in termini nominali (cioè in miliardi di euro) deve crescere meno rapidamente del Pil, non che lo si debba ripagare. Inoltre, non c'è motivo di pensare che il debito pubblico debba tendere allo zero anche rispetto al Pil, o che il bilancio pubblico debba sempre essere in pareggio.

Certo, partendo dal nostro livello di debito, credo sia necessario ridurlo, anche considerevolmente, ma certo non azzerarlo. Ma di quanto occorre ridurlo?

L'obiettivo finale, di lungo periodo, potrebbe essere nell'ordine del 50-60 per cento del Pil. Come abbiamo visto nel capitolo 3, per un livello di debito di questo genere, la crescita potenziale non sarebbe significativamente penalizzata. Inoltre, un debito del 50-60 per cento del Pil permetterebbe di usare la politica fiscale in senso espansivo, anche in presenza di forti recessioni, senza avvicinarci troppo a quella soglia dell'85 per cento del Pil che almeno il Fondo monetario internazionale considera come livello di guardia. Fra l'altro, un debito inferiore al 60 per cento è anche coerente con le regole europee. Ma come si può ridurre il debito pubblico, e in che tempi?

In realtà, prima di chiederci come fare, è necessario chiederci se convenga farlo. Avere dimostrato che troppo debito pubblico fa male non comporta necessariamente che sia preferibile ridurlo: la cura può essere peggiore del male stesso. Facciamo qualche esempio. Abbiamo visto che se il debito pubblico è elevato non sarà possibile aumentare il deficit per sostenere l'economia in futuro quando questa è debole. Ma se per ridurre il debito aumentiamo le tasse, non indeboliamo, oggi, l'economia? E ancora, se abbiamo un debito alto dobbiamo far pagare più tasse per pagarne gli interessi. Ma per ripagare il debito non dobbiamo tenere le tasse ancora più alte? Qui sta appunto la difficoltà nel ridurre il debito pubblico: non si può farlo con un colpo di bacchetta magica e non è un processo privo di costi. Valutare questi costi per le diverse alternative possibili e confrontarli con i benefici di ridurre il debito costituirà l'oggetto del resto del libro.

Di soluzioni ce ne sono tante, ma poche sono quelle buone. Inizieremo con lo sgombrare il campo da alcune scorciatoie che riemergono ogni volta che si parla di debito pubblico, e che sono state particolarmente in voga negli ultimi anni perché sostenute esplicitamente da alcuni partiti politici italiani: primo, la reintroduzione della nostra moneta che, si sostiene, fra gli altri benefici faciliterebbe anche il finanziamento del debito; e, secondo, il ripudio del debito, un'operazione chirurgica per rimuovere il problema in tempi brevi. Fra l'altro, sarebbe difficile uscire dall'euro senza ristrutturare il debito pubblico, mentre una ristrutturazione del debito senza un'uscita dall'area dell'euro sarebbe possibile. È stato fatto in Grecia, anche se con risultati non molto convincenti. A complemento di questa discussione apriremo, infatti, nel capitolo 8, una parentesi sulla crisi greca. Discuteremo poi una terza scorciatoia, meno rivoluzionaria, la mutualizzazione del debito a livello europeo, chiedendo in sostanza l'aiuto dei nostri partner continentali per rendere il nostro debito più sostenibile, un'idea valida di per sé, ma secondo me irrealizzabile in pratica per motivi politici. La quarta soluzione è di vendere i "gioielli della Corona", ovvero privatizzare le attività dello stato o comunque valorizzarle: sarebbe bello ma, come vedremo, non se ne può ricavare abbastanza da eliminare il problema del debito.

Infine, passeremo alle soluzioni più ortodosse, che, alla fine, sono quelle che possono dare i migliori risultati: primo, un certo grado di austerità, non cadendo in eccessi ma neanche pretendendo che il problema possa essere risolto senza rinunciare a qualcosa e senza una pianificazione dell'aggiustamento che lo renda credibile e sostenibile nel tempo; e, secondo, un'accelerazione della crescita attraverso le riforme. Questa strada non sarà facile e ci sembra forse improbabile che possa essere percorsa fino in fondo. Ma, se procediamo per esclusione, come dice Conan Doyle, quel che resta deve essere la soluzione corretta.

6.
Prima soluzione: Basta euro!

> "Per una lira io vendo tutti i sogni miei."
>
> BATTISTI-MOGOL, *Per una lira*

La tentazione è forte, o per lo meno lo è stata quando lo spread sul debito pubblico italiano aveva raggiunto i 550 punti base a fine 2011: non poteva non colpire che paesi con la propria moneta, fuori dall'area dell'euro, riuscivano allora a finanziarsi a tassi molto bassi, nonostante avessero deficit (e in alcuni casi anche debiti) molto elevati. C'è chi dice: torniamo alla lira e liberiamoci dai vincoli assurdi imposti dalle regole europee. Ci aiuterà anche a ridurre il debito pubblico perché stare nell'euro obbliga lo stato a prendere a prestito a tassi d'interesse insostenibili e non ci fa crescere.

Gli argomenti a favore di un'uscita dall'euro sono spesso scartati, anche con una certa alterigia, dagli europeisti convinti, come se fossero palesemente infondati. Questo è un errore, non solo perché una parte consistente dell'elettorato italiano appoggia partiti apertamente a favore di un'uscita dall'euro (il Movimento Cinque Stelle, la Lega Nord, Fratelli d'Italia), ma anche perché gli argomenti economici per un'uscita dell'Italia dall'euro non sono interamente campati in aria. L'uscita dall'euro non fornisce, secondo me, la risposta giusta al problema del debito pubblico (né ad altri problemi che l'Italia sta affrontando), ma gli argomenti di chi ne sostiene l'opportunità devono essere dibattuti nel merito, non rigettati a priori.

È quello che faremo in questo capitolo, considerando i due principali argomenti utilizzati dai partiti (e dagli economisti) anti-euro. Il primo è che l'assenza di una moneta indipendente ci impedisce di rassicurare gli investitori che il debito pubblico sarà comunque ripagato, se necessario stampando moneta. Il secondo, che l'appartenenza all'area dell'euro ci impedisce di essere competitivi e di crescere (e abbiamo visto nel capitolo 2 che se si cresce poco è più difficile sostenere il debito pubblico). C'è anche un terzo argomento: stare nell'area dell'euro richiede il rispetto di regole di bilancio troppo restrittive, che penalizzano direttamente la crescita. Ma di quest'ultimo argomento parleremo nei capitoli 11 e 12, che si occupano appunto di austerità e di regole europee.

Una banca centrale per sconfiggere i mercati

Ho spiegato nel capitolo 2 che, quando il debito pubblico è alto, si possono creare situazioni che gli economisti chiamano di "equilibrio multiplo". Talvolta si parla anche di *self-fulfilling expectations* (aspettative che si autorealizzano): se i mercati temono che il debito non sia sostenibile, si spaventano, i tassi d'interesse schizzano alle stelle (a fronte del rischio di non essere ripagati) e il debito diventa effettivamente insostenibile. Si è parlato molto di questa possibilità nel 2011-2012 quando i mercati finanziari sembravano aver portato i tassi d'interesse sul debito italiano a livelli che, solo pochi mesi prima, erano inimmaginabili e che sarebbe stato impossibile sostenere nel tempo.

Diversi economisti hanno notato che queste *self-fulfilling expectations* possono essere sconfitte quando esiste una banca centrale disposta a monetizzare il debito che giunge in scadenza. Se un paese ha la propria valuta può sempre ripagare il debito stampando moneta, il che tranquillizza i mercati finanziari: non c'è più il rischio di non essere rimborsati. La banca centrale, in altri termini, agisce come un pastore che guida le pecore (i mercati finanziari) nella direzione giusta, evitando che siano colte da attacchi di panico.

Molti economisti (per esempio Paul De Grauwe) hanno

sostenuto che la Banca centrale europea avrebbe dovuto svolgere questo ruolo, come effettivamente ha fatto a partire dall'estate 2012.[1] Ma, come abbiamo visto, l'intervento della Banca centrale europea è stato possibile solo in un contesto di politiche fiscali restrittive, che pure sono apparse a molti inappropriate. Insomma, l'Europa poteva aiutare, ma solo a caro prezzo.

Perché invece non tornare alla lira, il che ci consentirebbe di beneficiare, autonomamente e senza ritardi, dell'intervento di una banca centrale che possa sconfiggere la speculazione (o il panico) dei mercati? Questa è una delle argomentazioni che viene usata dal Movimento Cinque Stelle per giustificare l'uscita dall'euro. Il sito di Beppe Grillo ci dice proprio questo:

> Il costo del debito dipende quindi dalla fiducia che hanno i risparmiatori nei confronti dello stato debitore. Sarà ovvio, a questo punto, che possedere o meno la propria moneta fa per lo stato, e per i suoi cittadini, tutta la differenza di questo mondo. L'Italia non può creare l'euro, ma poteva creare la lira. [...] Liberarsi dal ricatto dei mercati è più semplice di quello che sembra. (http://www.beppegrillo.it/fuoridalleuro/come-uscire-euro/liberiamoci-debito.html)

Lo stesso argomento viene usato dalla Lega Nord:

> Se uno stato ha un debito espresso nella propria moneta ed ha una sovranità monetaria non potrà mai giungere a non onorarlo, perché potrà sempre "stampare" il denaro necessario alla restituzione del debito.[2]

Questi argomenti sembravano piuttosto forti quando nel 2011-2012 l'Italia o la Spagna dovevano pagare tassi d'interesse elevatissimi e paesi con una propria banca centrale (come il Regno Unito) potevano finanziarsi a tassi molto bassi. Per esempio, nel 2012 il debito pubblico britannico era dell'86 per cento del Pil, quello spagnolo dell'84 per cento. Eppure i tassi d'interesse a lungo termine pagati dalla Spagna, al picco della crisi a metà di quell'anno, erano saliti oltre il 6 per cento, quelli britannici erano al 2 per cento. A molti veniva il dubbio che la possibilità che aveva la Banca d'Inghilterra di intervenire sul mercato dei titoli – non solo la possibilità, ma anche il suo intervento effettivo, che fu massiccio (tra il 2007 e il 2011 la Bank of England ha assorbito quasi la metà dell'aumento del debito pubblico emesso dal Tesoro del Regno Unito) – spiegasse queste differenze di trattamento da parte dei mercati.

Cosa c'è che non va in questi argomenti? Occorre stare attenti. Non c'è dubbio che la presenza di una banca centrale disposta a intervenire per calmare i mercati può servire a evitare che questi siano colti da una crisi di nervi, o, per dirla in modo più elegante, dalle *self-fulfilling expectations*. Il che può evitare la necessità di un aggiustamento fiscale troppo brusco, che altrimenti diventa inevitabile. Ma da qui a dire che avere la propria banca centrale risolve il problema del debito pubblico il passo è molto lungo.

Il problema è che se ci si basa solo, o prevalentemente, sull'azione della banca centrale per risolvere il problema del debito senza correggere lo squilibrio dei conti pubblici in termini sia di deficit sia di debito, c'è il rischio, o meglio la certezza, che la moneta stampata venga considerata per quel che è: un pezzo di carta. Il risultato è un'inflazione elevata, che può scappare di mano facilmente.

In effetti, risolvere il problema del debito attraverso l'inflazione è un classico della storia economica. Vi abbiamo accennato nel capitolo 1, parlando della possibilità di finanziare il deficit non emettendo titoli di stato ma battendo moneta. Il governo (tramite la sua banca centrale) stampa moneta e con questa paga le proprie spese (o rimborsa i titoli in scadenza). Gli economisti hanno anche inventato un nome per questo potere: "signoraggio". Se lo stato stampa tanta moneta quanta richiesta dall'economia non c'è inflazione e il signoraggio, di cui comunque beneficia lo stato, è il prezzo del servizio che lo stato fornisce per l'emissione (in regime di monopolio) di banconote. Ma il signoraggio in assenza di inflazione non rende molto, soprattutto nelle economie avanzate dove le banconote non sono più molto comuni.[3] Il vero vantaggio c'è quando lo stato comincia a stampare più moneta di quanto necessario all'economia: questo crea inflazione e l'inflazione erode il valore reale dei titoli di stato in circolazione (quelli emessi a tassi fissi, mentre si salvano gli indicizzati). Se io presto oggi allo stato 100 euro e fra un anno lo stato mi restituisce 100 euro ma nel frattempo i prezzi sono aumentati e io con i 100 euro ci compro meno cose, io ci perdo e lo stato ci guadagna. È un modo poco elegante per risolvere il problema del debito ma funziona, nel senso di evitare nuove tasse o tagli di spesa.

Nella storia economica gli esempi non mancano, e sono ben noti. Il finanziamento da parte della banca centrale del deficit pubblico è, in generale, la principale causa dell'inflazione a due o tre cifre (o anche di più).[4] Questo è, come si sa, alla base della paura dei tedeschi per i deficit pubblici elevati (dopo l'esperienza della Repubblica di Weimar). E abbiamo già visto che negli anni settanta l'Italia aveva imboccato questa strada, e non è che ci piacesse molto.

Si potrà dire che l'inflazione non piacerà ma funziona, ed è sempre meglio della recessione causata dalle politiche fiscali troppo restrittive che l'Europa ci impone. Oddio, funziona se vi dimenticate che il signoraggio e l'inflazione a questo associata sono essi stessi una tassa. Se il valore dei titoli di stato viene eroso, abbiamo visto che chi ha comprato titoli di stato subisce una perdita e lo stato ci guadagna. È come una tassa. Ricordiamocelo perché due terzi del debito è detenuto da italiani che subirebbero la perdita derivante da questa erosione. Oltre a questo, l'inflazione causa danni all'economia, al di sopra di un certo livello, perché non tutti i prezzi e i salari sono perfettamente indicizzati, per cui quando l'inflazione è alta le perdite e i guadagni ingiustificati possono essere anche elevati. Quanto dovrebbe essere alta l'inflazione in Italia per ridurre significativamente il debito pubblico?

Per rispondere, occorre tener presente che l'inflazione può erodere il valore dei titoli di stato già emessi ma gli investitori richiederanno tassi d'interesse più alti sui nuovi titoli, per compensare le attese di una maggiore inflazione. Si capisce così che l'inflazione può aiutare solo se è improvvisa ed elevata. Uno studio condotto quando ero a capo del dipartimento di Finanza pubblica del Fondo monetario internazionale aveva concluso che, nei paesi avanzati, un'inflazione del 6 per cento mantenuta per cinque anni non sarebbe stata molto efficace (anche se avrebbe funzionato un po' di più per l'Italia).[5] Quello che davvero avrebbe funzionato, sotto certe ipotesi, sarebbe stata una fiammata inflazionistica di circa il 25 per cento per due anni.

Il problema è che se si prende questa strada (inflazione elevata e crescente), i mercati cominciano anche a chiedere un premio sui tassi d'interesse per essere coperti non solo per le aspettative di inflazione ma anche per l'incertezza sull'inflazione (e svalutazione) futura, per cui aumentano non solo i tassi d'interesse nominali, ma anche quelli reali (cioè al netto dell'inflazione). Supponiamo per esempio che io voglia avere un rendimento reale del 2 per cento e che mi aspetti una inflazione del 10 per cento. In questo caso vorrò avere un interesse del 12 per cento (visto che verrò rimborsato con moneta che vale il 10 per cento in meno in termini di potere d'acquisto). Ma se sono incerto sull'inflazione futura vorrò avere un tasso di interesse più elevato del 12 per cento per compensare il rischio che fronteggio. Questo premio al rischio d'inflazione non è molto diverso dal premio che gli investitori vogliono avere per compensare il rischio di non essere pagati (di cui parlava il sito di Grillo). Insomma, quando gli stati stampano la propria moneta, scende per gli investitori il rischio di non essere pagati ma sale quello di essere pagati con moneta svalutata. Non è che le cose cambino molto.

In effetti, vari paesi si sono trovati in una situazione in cui l'inflazione era accompagnata da tassi d'interesse eccezionalmente alti. Ho lavorato diversi anni al Fondo monetario internazionale sulla Turchia, un paese che negli anni novanta aveva un'inflazione vicina al 100 per cento, in buona parte per effetto di squilibri dei conti pubblici. La Turchia aveva una banca centrale indipendente, ma lo stato doveva pagare tassi d'interesse nominali spesso molto superiori al 100 per cento, ben più alti del tasso d'inflazione, per compensare gli investitori a fronte del rischio di inflazione, il che portava i tassi d'interesse reali a livelli molto elevati, penalizzando economia e crescita ancor più di quanto avrebbe fatto un aggiustamento fiscale.

Un'ultima obiezione deve essere considerata, e non è un'obiezione da poco. Negli scorsi anni alcune banche centrali (compresa quella americana) hanno aumentato enormemente gli acquisti di titoli di stato (attraverso le cosiddette operazioni di "quantitative easing", l'acquisto di titoli di stato per immettere liquidità nei mercati), ma questo non ha causato inflazione. Questo sembrerebbe contraddire quanto detto sui rischi che derivano dalla monetizzazione del debito. La stessa Banca centrale europea ha iniziato a comprare titoli di stato per immettere liquidità nei mercati. Perché l'inflazione non è andata fuori controllo? Il motivo è che, vista l'incertezza economica che ha caratterizzato gli ultimi anni, il settore privato, soprattutto le banche, è attualmente disposto a detenere una quantità molto più elevata che in passato di moneta. Il lettore attento avrà notato che ho scritto che stampare moneta crea inflazione quando è in eccesso rispetto a "quanto richiesto dall'economia". Al momento, l'economia mondiale richiede moltissima moneta, il che contiene il rischio di inflazione (anche se occorrerebbe tener d'occhio non solo i prezzi dei prodotti ma anche i prezzi delle attività finanziarie, come le azioni, che sono invece saliti rapidamente, almeno fino a quest'anno). Ma si tratta di una situazione temporanea: quando la domanda di moneta da parte dell'economia tornerà su valori normali, se vogliono contenere l'inflazione, le banche centrali dovranno riassorbire la moneta emessa, vendendo i titoli di stato che hanno acquistato di recente. E questo potrà avvenire facilmente solo se, nel frattempo, i conti pubblici dei paesi in questione saranno stati raddrizzati.

In conclusione, avere una banca centrale propria può servire a ridurre il rischio di crisi sul mercato dei titoli pubblici derivante da *self-fulfilling expectations*, ma non consente di evitare l'aggiustamento fiscale, a meno di accettare tassi di inflazione elevati. Da questo punto di vista, la "nuova lira" non ci aiuterebbe.

Anzi, con una nuova lira lo stato dovrebbe probabilmente finanziarsi a tassi d'interesse più alti, richiedendo una maggiore dose di austerità. L'entrata dell'Italia nell'area dell'euro è servita proprio a ridurre i tassi d'interesse che il nostro paese pagava negli anni ottanta e novanta (in termini sia nominali sia reali). E attualmente stiamo pagando tassi d'interesse e spread più bassi di quelli che spetterebbero a un paese con un debito pubblico alto come il nostro. Gli spread sono ora intorno ai 100 punti base, mentre, considerando studi econometrici condotti dal dipartimento di Finanza pubblica del Fondo monetario internazionale, un paese con conti pubblici simili ai nostri dovrebbe attualmente avere uno spread un po' più elevato: insomma, essere parte dell'area dell'euro comporta in generale tassi d'interesse più bassi grazie alla credibilità della Banca centrale europea, grazie all'euro. E di tassi d'interesse più bassi beneficiano non solo i conti pubblici ma anche il settore privato.

Ma – qualcuno dirà – nel 2011-2012 essere nell'area dell'euro non ci proteggeva da tassi d'interesse elevatissimi. È vero. Ricordiamoci, però, anche cosa aveva scatenato la reazione dei mercati: la paura che l'Italia non fosse in grado di rimanere nell'area dell'euro, non il timore che ci restasse.

L'euro e la crescita

Come abbiamo visto nel capitolo 2 (e approfondiremo nel capitolo 13), la crescita del Pil è molto importante per la sostenibilità del debito pubblico. Chi vuole uscire dall'euro sostiene che, senza la moneta unica, l'Italia tornerebbe a crescere rapidamente e, quindi, che sarebbe più facile sostenere e ridurre il debito pubblico. Per esempio, il sito di Grillo sostiene che:

> Fuori dall'euro con una sovranità monetaria associata al valore della nostra economia le aziende italiane sarebbero avvantaggiate nelle esportazioni e produrre in Italia diverrebbe più conveniente che produrre all'estero. Rinascerebbero nuove attività, si svilupperebbe il conseguente indotto e si creerebbero posti di lavoro.

Lo scetticismo sul progetto è diffuso anche tra molti economisti, tanto che viene spesso citato l'elenco dei sei premi Nobel per l'economia che hanno criticato l'euro per le sue conseguenze negative sulla crescita. L'elenco lo trovate sulla pubblicazione della Lega Nord che ho citato sopra, ma anche sul "Sole 24 Ore" (http://www.ilsole24ore.com/art/notizie/2013-12-17/i-sei-premi-nobel-contro-euro-stiglitz-questo-disastro-ha-quattro-lettere-euro-123953.shtml?uuid=ABzvsak). Paul Krugman, Joseph Stiglitz, Amartya Sen, Milton Friedman, James Mirrlees e Christopher Pissarides fanno parte della lista. Si tratta, tranne Friedman, di economisti vicini a un'area di "sinistra", che spesso identificano l'euro con le politiche di austerità care alla Germania. Ma anche economisti che sono sostenitori del rigore fiscale (come l'americano Martin Feldstein) avevano espresso perplessità sulla nuova valuta già a metà degli anni novanta, quindi prima ancora che questa fosse introdotta. Non facciamo però il processo alle intenzioni e valutiamo gli argomenti economici.

Cominciamo dai fatti. E qui, per lo meno a prima vista, i sostenitori dell'uscita dall'euro accumulano punti a loro favore.

Da quando l'Italia è nell'area dell'euro la sua performance in termini di crescita è stata molto deludente. L'Italia cresce poco, anzi non cresce, anzi dal 2007 è decresciuta. Si dirà: anche negli anni novanta, prima dell'euro, l'Italia cresceva poco. Sì, ma fino alla fine degli anni novanta la crescita italiana era bassa solo perché la popolazione italiana cresceva meno: fino al 2000 la crescita del reddito pro capite era infatti uguale a quella dei paesi della futura area dell'euro. Dal 2001, poco dopo l'introduzione della moneta unica, succede, però, qualcosa di nuovo. Il reddito pro capite italiano (al netto dell'inflazione) smette di crescere, restando più o meno costante fino al 2008, e poi comincia a calare (con la crisi globale del 2008-2009 e poi con la crisi dell'euro nel 2011-2012). Il reddito pro capite nel resto dell'area invece cresce stabilmente prima del 2008 e poi scende meno di quello italiano negli anni seguenti. In totale, dal 2001 il reddito pro capite italiano, in termini di potere d'acquisto, è diminuito rispetto a quello della media dell'area dell'euro di oltre il 20 per cento. Una Waterloo, anzi una Caporetto economica, per citare il titolo di un celebre libro di Ugo La Malfa scritto dopo la crisi della metà degli anni settanta (almeno di quella crisi non possiamo incolpare l'euro...).

La quasi coincidenza tra interruzione della crescita in Italia e introduzione dell'euro fa effettivamente venire qualche dubbio. Ma esistono altri elementi che possono aver influito sulla decrescita del nostro paese. Il prezzo del petrolio, da cui l'Italia dipende enormemente, aumentò da poco più di 10 dollari al barile nel 1998 a oltre 50 dollari nel 2005 e a quasi 100 dollari nel 2008. In generale, i prezzi delle materie prime crebbero rapidissimamente nello scorso decennio e noi siamo grandi importatori di materie prime (e sarà un caso se ora, con il prezzo del petrolio dimezzato, abbiamo ricominciato a crescere?). Poi c'è stata la sorprendente crescita della Cina e degli altri paesi emergenti. La globalizzazione potrebbe aver colpito negativamente l'Italia più di altri paesi perché le nostre esportazioni sono (o erano) costituite soprattutto da prodotti tradizionali, più sottoposti alla concorrenza dei nuovi entranti sui mercati internazionali. Detto questo, l'assenza di un tasso di cambio indipendente (o, meglio, la sua condivisione con economie meno toccate da questi fenomeni) potrebbe aver accentuato l'effetto di questi sviluppi.

Chi sostiene che l'euro faccia male alla crescita italiana e di altri paesi europei, tra cui l'Italia, lo fa sulla base di due diverse argomentazioni.

La prima deriva dalla cosiddetta teoria delle *optimum currency areas* (aree valutarie ottimali). Secondo questa teoria, una condizione necessaria per il buon funzionamento di un'area monetaria è che i paesi membri abbiano cicli economici sincronizzati (o, almeno, un'elevata mobilità del lavoro che possa rispondere a differenze nei cicli economici). Cosa vuol dire? Sappiamo che in certi periodi l'economia di un paese può crescere più rapidamente, in altri periodi meno, e poi qualche volta può cadere in recessione. Si tratta dei cosiddetti cicli economici. Ora, paesi che hanno cicli economici simili (cioè sono in recessione, o in espansione, tutti allo stesso tempo) possono più facilmente condividere la stessa moneta, perché la stessa politica monetaria andrà bene per tutti: tassi d'interesse più bassi (e una moneta più svalutata) andranno bene per tutti, se tutti sono in recessione e c'è bisogno di stimolare la crescita; e tassi d'interesse più alti (e una valuta più apprezzata) andranno bene a tutti, se tutti si espandono troppo e ci sono rischi di inflazione. Ma se l'Italia, per esempio, è in recessione quando la Germania è in espansione, allora un'unica politica monetaria non va bene per tutti, e sarebbe meglio se i vari paesi avessero ciascuno la propria moneta. In una fase di recessione aumenta la disoccupazione e se i disoccupati si potessero spostare facilmente da aree in recessione ad aree in espansione, il problema sarebbe attenuato. Ma la mobilità del lavoro è bassa in Europa (più che negli Stati Uniti), anche per questo alcuni economisti sostengono che l'area dell'euro non è un'area monetaria ottimale.[6]

Questo argomento non sembra però essere il più rilevante dal nostro punto di vista. Quello che rileva per la sostenibilità del debito è la crescita di più lungo periodo e non tanto l'ottimalità della politica monetaria nel corso del ciclo economico. In ogni caso, il dibattito sull'euro mette al centro un secondo e più rilevante argomento: le imprese italiane hanno bisogno di una valuta debole per essere competitive e l'euro è una valuta forte, che segue essenzialmente le tendenze della produttività tedesca e dei paesi nordici. Noi mediterranei non ce la facciamo a starci dietro!

Questo secondo argomento è piuttosto forte ma dobbiamo capire esattamente cosa comporta. La competitività di un paese dipende non solo da quanto cresce la produttività, ma anche da quanto aumentano i salari dei dipendenti (lo so, anche da tante altre cose, ma concentriamoci su questo). Se un operaio di un'impresa italiana produce dieci matite in un'ora e un operaio di un'impresa tedesca ne produce venti, l'impresa italiana può essere ugualmente competitiva se paga i suoi operai la metà di quella tedesca (il costo del lavoro per matita – per unità di prodotto, dicono gli economisti – sarebbe in questo caso lo stesso tra i due paesi). Questa differenza di salario è, appunto, giustificata dalla minore produttività. Quindi, di per sé, una minore produttività, o crescita della produttività, non comporta l'impossibilità di condividere la stessa moneta. Il problema sorge quando i salari nominali (cioè in termini di euro) si muovono per conto proprio, quando cioè non tengono conto della produttività. In effetti, quello che è successo è che il costo del lavoro per unità di prodotto (quanto costa produrre una matita nell'esempio precedente) è aumentato in Italia dall'inizio del decennio scorso molto più che in Germania (ma anche più che in Francia), perché le retribuzioni crescevano più della produttività. Per questo le imprese italiane sono diventate meno competitive.

Il problema non è di facile soluzione. Non si tratta soltanto di evitare in futuro aumenti retributivi non in linea con le esigenze di competitività. Si tratta anche di eliminare il gap che si è accumulato a partire dal 2000 (il 14-15 per cento in termini di costo del lavoro, rispetto alla media dell'area dell'euro tra il 2000 e il 2008 nel settore industriale).[7]

Vuol dire che allora non si può tornare a crescere se non si esce dall'euro? No di certo. Prima di tutto la perdita di competitività rispetto alla media dell'area dell'euro non è enorme. Insomma, non siamo la Grecia, che nel periodo 2000-2008 aveva perso il 24 per cento rispetto all'Europa e che pure sta cercando di recuperare competitività attraverso le riforme e restando nell'euro. Più vicino al nostro caso è la Spagna, che fino al 2009 aveva perso competitività quanto noi, però è riuscita a recuperarla, e il cui Pil sta ora crescendo a tassi intorno al 3 per cento. Occorre quindi cercare di riacquistare competitività nel costo del lavoro nei settori tradizionali e diventare più bravi a fare nuove cose. Inoltre, la detassazione del lavoro e delle imprese può aiutare a riguadagnare margini di competitività (se è finanziata da tagli della spesa, in modo da essere credibile per un paese ad alto debito; repetita iuvant). Inoltre, il recente crollo del prezzo delle materie prime ci avvantaggia più degli altri paesi europei, perché noi dipendiamo più degli altri dal costo delle materie prime, soprattutto dagli idrocarburi, il cui prezzo è crollato.

Oltre che eliminare questo gap di competitività finora accumulato, cosa occorre fare? Anche in futuro la crescita dei redditi nominali dovrà essere coerente con la crescita della produttività. Questo sarà più facile se riusciremo ad aumentare la crescita della nostra produttività, che è rimasta invece praticamente invariata negli ultimi quindici anni e che è il vero vincolo per una crescita più veloce.[8] Condividere la moneta con i "nordici" europei non è certo impossibile ma sarà più facile se renderemo più efficiente e produttiva la nostra economia.

Un ultimo chiarimento. Lo metto alla fine anche se è molto importante. L'uscita dall'euro potrebbe sì portare a un recupero di competitività, ma solo a patto che i salari non aumentino quando la "nuova lira" si svaluta. In altri termini, quando si dice che l'uscita dall'euro faciliterebbe un recupero di competitività, si vuol dire che i margini di profitto aumenterebbero rispetto ai salari reali: si avrebbe comunque una riduzione dei salari reali (cioè al netto della svalutazione e della conseguente inflazione) che servirebbe ad annullare l'aumento (rispetto alla produttività) manifestatosi dopo l'entrata nell'euro. Questo fatto – che l'aumento di competitività legato all'uscita dall'euro si manifesterebbe solo se fosse accompagnato da una discesa delle retribuzioni reali – non viene (opportunamente per loro) sottolineato dai fautori dell'uscita dall'euro. Eppure sarebbe la conseguenza inevitabile, anzi il motivo principale per cui l'uscita dall'euro porterebbe a un recupero di competitività.[9]

Le difficoltà di gestire l'uscita dall'euro

La gestione dell'uscita dall'euro sarebbe in ogni caso problematica. Non è la stessa cosa domandarsi se sia appropriato adottare l'euro e domandarsi se sia opportuno abbandonarlo. È un problema noto in economia (e nelle scienze sociali in generale). Gli economisti la chiamano *path dependence* (dipendenza dal sentiero che si è seguito): le scelte che facciamo sono limitate da quelle fatte in passato. L'esempio tipico è quello della tastiera del vostro computer: l'ordine in cui sono disposti i tasti non è il più razionale, ma sarebbe troppo costoso cambiare e quindi ci teniamo la disposizione inventata da Christopher Sholes nel 1874 per le macchine da scrivere dell'epoca. Nell'euro ci siamo dentro e sarebbe costoso uscirne. Quanto costoso? Difficile dirlo con precisione. La questione non è mai stata approfondita in studi ufficiali (almeno in studi ufficiali pubblicati!) perché qualunque studio di questo genere farebbe pensar male. L'unico studio pubblicato è quello di una banca svizzera – che trovate al sito https://www.creditwritedowns.com/2011/09/eurozone-breakup-consequences.html – che concludeva che i costi sarebbero stati elevatissimi in termini di Pil (dell'ordine del 40-50 per cento). Altri (per esempio l'economista euroscettico Alberto Bagnai nel libro *Il tramonto dell'euro*) hanno notato che nel dopoguerra ci sono stati nel mondo quasi settanta casi di creazioni di una nuova moneta e che questo è avvenuto senza particolari sconvolgimenti. Tuttavia, in questi casi si trattava soprattutto di paesi che diventavano indipendenti e quindi di separazioni non legate al fallimento di un progetto economico. Si trattava anche, in quasi tutti i casi, di paesi con sistemi finanziari relativamente semplici, non certo di complesse realtà finanziarie come quelle esistenti attualmente in Europa. Tutto sommato, credo che non sarebbe poi così semplice.

Un'uscita dall'euro creerebbe anche immediati problemi per la gestione del debito pubblico. Il debito è denominato quasi tutto in euro. Se uscissimo, cosa succederebbe a questo debito? Ci sarebbero due possibilità. La prima è convertire per legge il debito in "nuove lire" a un tasso di cambio arbitrario. Ci penserebbe poi l'inflazione che inevitabilmente seguirebbe all'uscita dall'euro a erodere il valore del debito in termini reali. Ne abbiamo già parlato. La seconda possibilità è di mantenere il debito in euro.

In questo caso, la svalutazione del tasso di cambio (che seguirebbe pure l'uscita dall'euro, anzi ne sarebbe la sua motivazione principale secondo i sostenitori dell'uscita) comporterebbe che il debito dovrebbe essere ripagato in valuta pesante. Il peso del debito aumenterebbe, quindi, rendendo probabilmente inevitabile un ripudio del debito stesso, almeno in parte. In entrambi i casi (conversione in nuove lire o ripudio esplicito), ci sarebbe un cambiamento dei termini del contratto sui titoli di stato, un default sul debito pubblico italiano.[10] Il che non è consigliabile per i motivi che andremo a esaminare nel capitolo seguente.

In conclusione, non mi sembra che l'introduzione della nuova lira possa offrire una facile soluzione ai problemi del debito pubblico, né a quello della bassa crescita. Certo, rimanere nell'euro senza cambiare in nessun modo i nostri comportamenti sarebbe un problema. Forse dovevamo capire prima che l'entrata nell'euro richiedeva un cambiamento dei comportamenti. Ma spero che l'abbiamo capito. Altrimenti bisognerebbe trarne le conseguenze.

In ogni caso, mi sembra che gli italiani vogliano restare nella moneta unica. Certo, ora c'è parecchio scetticismo verso le istituzioni europee, ma anche recenti sondaggi (l'Euro barometro dell'estate del 2015) confermano che l'euro è ancora sostenuto dal 60 per cento della popolazione italiana (e da due terzi di quelli che hanno espresso un'opinione nel campione considerato). Non esageriamo però con l'ottimismo: lo stesso sondaggio ci dice che la percentuale dei sostenitori dell'euro, seppure ancora alta, è la più bassa fra tutti i paesi membri. Occorre ricordarlo.

7.
Seconda soluzione: Non si paga!

> "Pacta sunt servanda."
>
> LOCUZIONE LATINA

Gaber avrebbe detto: l'uscita dall'euro è di destra, il ripudio del debito è di sinistra. Ripudiare il debito vuol dire non pagare le banche, i mercati finanziari. È Spartaco che spezza le catene. È il "non si paga" di Dario Fo. Cosa c'è più di sinistra? A volere che il debito sia ripagato sono le grandi banche internazionali, e il Fondo monetario internazionale che le rappresenta. Il Fondo monetario, che, come scrive David Graeber, uno dei fondatori del movimento Occupy Wall Street, "agisce come il riscossore del debito del mondo... l'equivalente da alta finanza di quello che viene a spezzarti le gambe".[1] E poi ripudiare il debito vuole anche dire evitare di dover aumentare le tasse o tagliare la spesa, quindi avere deficit più alti, il che è più keynesiano, più pro-crescita, anti-austerità. E anche questo è di sinistra.

Qualche dubbio ce l'avrei, però. E questo capitolo, in effetti, è volto a far venire qualche dubbio anche a voi sui benefici che derivano dal ripudio del debito, sul fatto che sia pro-crescita, che eviti l'austerità, che colpisca soprattutto i ricchi, e anche sul fatto che il Fondo monetario sia contrario al ripudio del debito.

Il ripudio del debito: una breve storia

Ci sono tante forme di ripudio del debito. Il termine è usato in generale per indicare qualunque forma di cambiamento delle condizioni cui inizialmente era stato fatto un prestito al governo (il termine "prestito" è qui usato in senso lato come comprensivo di qualunque forma di credito, inclusi prestiti bancari non negoziabili e obbligazioni negoziabili). Il governo può decidere di ridurre il tasso di interesse pagato, allungare la scadenza o non ripagare per intero l'importo iniziale (in quest'ultimo caso si parla di *haircut*, ossia di "taglio di capelli"). Come si arriva a questo cambiamento nei termini del contratto? Spesso si inizia col mancato pagamento da parte del governo di una rata di rimborso del prestito o degli interessi relativi. Questo causa quello che tecnicamente si chiama in inglese "default". È chiaramente un segnale che il governo ha dei problemi e a quel punto (ma spesso anche prima) si comincia a discutere in che modo il debito sarà ristrutturato. Si tratta spesso di discussioni complesse, che possono coinvolgere moltissimi creditori nel caso dei prestiti obbligazionari. In questi casi sorgono complicate questioni legali, e nel tempo sono state introdotte varie procedure e clausole contrattuali per facilitare un'eventuale rinegoziazione dei prestiti. Ma queste complicazioni non ci interessano. Nel seguito, per semplicità, useremo i termini "ripudio" o "ristrutturazione" del debito come sinonimi per indicare una modifica dei termini del contratto di prestito, indipendentemente dalla forma che questa prende.

Quanto comune è il ripudio del debito? Piuttosto comune, soprattutto per i paesi emergenti. Carmen Reinhart e Kenneth Rogoff nel libro *This Time is Different – Eight Centuries of Financial Folly* (Princeton University Press, 2009, p. 320) ci dicono che dall'inizio del Diciannovesimo secolo a oggi ci sono stati oltre trecentoventi casi di ripudio del debito nei sessantasei paesi considerati, quindi in media più di uno all'anno. I casi vanno però a ondate: si concentrano tipicamente in periodi di crisi economica per i paesi coinvolti e le crisi economiche vanno a ondate perché derivano da cause simili e per effetti di contagio.

Se guardiamo più da vicino la composizione di questi episodi di ripudio ci accorgiamo di due cose. Prima di tutto, sui trecentoventi casi considerati solo settanta riguardano il debito interno, il che conferma quanto avevamo ipotizzato nei capitoli 1 e 2, cioè che ripudiare il debito interno è molto più spiacevole, e infrequente, perché si colpiscono i propri cittadini (ed elettori). La seconda cosa interessante è che, nel dopoguerra, i casi di ripudio del debito nei paesi avanzati sono stati molto rari. In realtà, dopo la Seconda guerra mondiale nessun paese avanzato aveva mai ristrutturato il debito prima della Grecia a fine 2011.[2] Le due osservazioni sono correlate. I paesi emergenti sono spesso più indebitati verso l'estero che verso l'interno (perché i loro mercati finanziari e le fonti di risparmio sono meno sviluppati) e quindi hanno una tentazione maggiore a ripudiare il debito.

Dall'Unità d'Italia, il nostro paese non ha mai ripudiato il proprio debito né ha mai effettuato operazioni di conversione della lira a tassi penalizzanti. Non così altri paesi avanzati che, se non hanno avuto mai un ripudio del valore nominale del debito, hanno però talvolta cambiato altri aspetti dei termini del contratto. Gli Stati Uniti, nel 1933, hanno eliminato la clausola che consentiva ai creditori di certi prestiti di essere ripagati in oro. Il Regno Unito, nel Diciannovesimo secolo, ha più volte ridotto il tasso di interesse su titoli già in circolazione e, nel 1932, ha abbassato il tasso di interesse sul debito emesso durante la Prima guerra mondiale. La Germania e il Giappone non solo hanno spazzato via con l'inflazione il debito dopo la Seconda guerra mondiale (la Germania anche dopo la Prima), ma hanno anche proceduto a operazioni di conversione monetaria forzata che, di fatto, cancellavano parte dei depositi presso il sistema bancario. L'Italia no. Certo, dopo le due guerre mondiali l'inflazione ha eroso il valore del debito, ma non ha mai raggiunto i picchi toccati, per esempio, in Germania, e l'Italia non ha mai operato una conversione monetaria (anche se nel secondo dopoguerra c'è andata vicino).

È quindi paradossale che spesso noi italiani siamo considerati poco affidabili dai mercati finanziari (come si vede dal nostro spread, soprattutto in periodi di turbolenza dei mercati). Certo, il nostro debito pubblico è alto, ma lo è stato anche in passato e finora abbiamo sempre ripagato chi investiva in titoli di stato. Finora. Ma c'è adesso chi dice che ripudiare il debito sarebbe la soluzione migliore. Anzi, che non c'è altra soluzione. Buttando via una tradizione – una verginità – che manteniamo da quando l'Italia si è unita nel 1861.

Chi sostiene che l'Italia dovrebbe ripudiare il debito e perché?

Il ripudio del debito pubblico è sostenuto da più parti. In Italia si è espresso a favore Beppe Grillo (si veda, per esempio, l'intervista concessa a "Repubblica" il 21 marzo 2014), anche se, più di recente, ha sostenuto che l'uscita dall'euro sarebbe la soluzione appropriata (ma, come abbiamo visto, sarebbe quasi impossibile uscire dall'euro senza ristrutturare il debito, per cui...). La ristrutturazione del debito è sostenuta anche da almeno una parte di chi è a sinistra del Pd (si veda, per esempio, l'articolo *I nove passi per ripudiare il debito pubblico*, di Guido Viale, pubblicato sul "Manifesto" del 3 gennaio 2015). Altri, seppur senza concludere esplicitamente che il ripudio del debito è inevitabile, hanno sostenuto che rimborsarlo sarebbe troppo oneroso per l'economia italiana (*L'insostenibile rimborso del debito pubblico*, di Giorgio Gattei e Antonino Iero, pubblicato il 10 marzo 2014 sulla rivista online "Economia e Politica").

Anche molti osservatori internazionali hanno ritenuto che, lo voglia o no, il governo italiano sarà costretto prima o poi a ristrutturare il proprio debito, viste le difficoltà di un aggiustamento fiscale con metodi più ortodossi. Hanno preso posizione in questo senso, con specifico riferimento all'Italia, alcuni economisti negli Stati Uniti (per esempio, Ashoka Mody, ex Fondo monetario internazionale, ora a Princeton; Desmond Lachman, pure ex Fondo e ora all'American Enterprise Institute, un think tank conservatore molto influente a Washington).[3] Altri (tra cui Willem Buiter, attualmente capo economista del gruppo finanziario americano Citigroup) hanno più generalmente previsto che "la ristrutturazione [del debito] sarà necessaria in parecchi paesi avanzati" (willembuiter.com/doncfa.pdf). La stessa opinione, con riferimento esplicito anche all'Italia, veniva espressa da Peter Boone e Simon Johnson (quest'ultimo ex capo economista del Fondo monetario, anche lui un ex!) in uno scritto del 2012 (*The European Crisis Deepens*, "Policy Brief PB12-4"). Non posso poi non citare uno dei più seguiti commentatori dell'economia internazionale, Nouriel Roubini, che, meno di due settimane dopo la caduta del governo Berlusconi e nel mezzo della crisi dell'euro, scriveva sul "Financial Times" che "è sempre più chiaro che il debito pubblico italiano è insostenibile e che una ristrutturazione ordinata del debito è necessaria per evitare un ripudio disordinato" (*Time to Act – Italy must restructure its debt*, "Financial Times", 29 novembre 2011).

Chi sostiene la necessità di una ristrutturazione del debito pubblico lo fa generalmente sulla base di due considerazioni. Primo, per evitare una ristrutturazione sarebbero necessarie politiche di austerità così forti da compromettere la possibilità per l'Italia di crescere per parecchi anni. Secondo, ristrutturare il debito vuol dire colpire chi è ricco e quindi è più equo che introdurre tagli di spesa o aumenti di tasse che colpiscono sempre chi ha meno soldi. Ma è proprio così?

Ma ristrutturare il debito vuol davvero dire meno austerità?

Ho qualche dubbio. Parleremo nel capitolo 11 dei costi dell'austerità (che, secondo me, sono realisticamente sostenibili, per lo meno se l'austerità è implementata cum grano salis e accompagnata da politiche di riforme strutturali per rafforzare le potenzialità di crescita dell'economia). Quello che mi preme dimostrare ora è che i costi di una ristrutturazione del debito sono sottovalutati (e di molto) dai suoi fautori.

Gli economisti sanno che ristrutturare il debito comporta dei costi. Quello più studiato deriva dalla perdita di reputazione che un paese soffre se ristruttura il debito. Se io ti presto dei soldi e tu dopo un po' mi dici che non me li puoi restituire, la prossima volta che mi chiedi un prestito, ci penserò due volte: o ti dico di no oppure, per lo meno, ti chiederò un tasso di interesse più alto per compensare il rischio che mi sobbarco. Questo tipo di costi è stato parecchio esaminato in passato e, almeno negli studi più recenti, molti economisti hanno concluso che i costi reputazionali non sono poi così alti. Sì, l'Argentina, che ha ripudiato il proprio debito nel 2001, non è ancora riuscita a rientrare sul mercato dei capitali internazionali, ma in media sembrerebbe che i paesi riescano a rientrare sui mercati abbastanza presto (dopo due o tre anni dal ripudio, stimano Eduardo Borensztein e Ugo Panizza nel lavoro che trovate al sito https://www.imf.org/external/pubs/ft/wp/2008/wp08238.pdf). In altri termini, i mercati hanno la memoria corta.

Sarà anche così. Ma la perdita di reputazione è solo uno dei costi fronteggiati da un paese che ripudia il debito. Ci sono infatti costi diretti per l'economia che derivano dalla stretta fiscale implicita in una ristrutturazione del debito. Stretta fiscale? Ma come? Ma la ristrutturazione del debito non era una alternativa all'austerità? No. La ristrutturazione del debito è come una tassa, solo che invece di tassare il reddito o la ricchezza, si tassa un tipo particolare di ricchezza: si tassano i titoli di stato. Il non pagare i detentori di titoli di stato corrisponde a tassare i creditori. In altri termini, ripudiare il debito è solo una forma di aggiustamento fiscale, non un sostituto all'aggiustamento fiscale.[4]

Ora, se i creditori dello stato sono investitori esteri, che magari vivono a migliaia di chilometri di distanza, allora non ci dobbiamo preoccupare troppo delle conseguenze di questa stretta fiscale. È questo il caso delle ristrutturazioni del debito di molti paesi dell'America latina negli anni ottanta: le banche americane erano i principali creditori e le loro perdite non avrebbero avuto un impatto sui paesi debitori. Le cose sono molto diverse nel caso italiano.

Il nostro debito, lo abbiamo visto, è per due terzi detenuto da banche, assicurazioni e risparmiatori italiani. Quindi, ristrutturando il debito, si tassano gli italiani, e questa tassa ha effetti simili a quelli di ogni altra tassa in termini di impatto sulla domanda aggregata. Chi viene tassato avrà una minore capacità di spesa. Si dirà che è una tassa che non obbliga a pagare niente e quindi nell'immediato non riduce la liquidità dei risparmiatori italiani. Non è proprio così però, visto che il flusso di pagamenti da parte dello stato (rimborsi e interessi) cala immediatamente. Non c'è quindi motivo per pensare che non abbia un effetto di austerità come qualunque altra tassa. Fra l'altro, si tratterebbe di un aggiustamento fiscale concentrato nel tempo (*front loaded*, come si dice in inglese) e quindi con un probabile effetto molto forte sull'economia rispetto a un aggiustamento diluito nel tempo.

Si dirà anche che almeno una parte di questa tassa sarà pagata dai creditori esteri. Sì, ma anche qui bisogna stare attenti. Un conto è tassare chi vive a migliaia di chilometri di distanza. Un altro è tassare chi sta appena al di là delle proprie frontiere, in altre parole le banche e i risparmiatori dell'area dell'euro, che possiedono la maggior parte dei titoli di stato italiani detenuti all'estero. Le conseguenze di questa tassazione dei nostri vicini sarebbero rilevanti per l'economia italiana, tenendo anche conto del fatto che un ripudio del debito avrebbe conseguenze immediate per la credibilità della moneta unica.

In termini di impatto sui mercati finanziari, c'è anche da tener conto della dimensione del debito italiano rispetto ai mercati finanziari mondiali. Un conto è ristrutturare il debito dell'Ucraina, i cui effetti possono essere facilmente riassorbiti dai mercati finanziari. Un altro è ristrutturare il debito di un paese come l'Italia, debito tra i più alti al mondo anche in termini assoluti e non solo rispetto al Pil. Gli effetti sui mercati finanziari mondiali non sarebbero trascurabili, come nota Adair Turner, ex capo della Financial Stability Authority inglese, nel suo libro *Between Debt and Devil* pubblicato nel 2015 (Princeton University Press, p. 226). E difficoltà nel sistema finanziario mondiale si ripercuoterebbero poi sull'Italia.

Il problema è ulteriormente complicato dal fatto che una quantità elevata di titoli di stato è detenuta da banche italiane per cui una ristrutturazione del debito pubblico causerebbe una crisi di liquidità, e persino di solvibilità, del nostro sistema bancario. Se una parte elevata del debito fosse cancellata, le banche si ritroverebbero con un patrimonio netto insufficiente (come hanno notato Francesco Lippi e Fabiano Schivardi su "Lavoce.it", il 16 maggio 2014). E una crisi bancaria avrebbe conseguenze drammatiche sull'economia. Quindi, come spesso avviene (ed è avvenuto nel caso della ristrutturazione del debito greco), le banche (o, meglio, i risparmiatori che hanno prestato alle banche) dovrebbero essere salvate dallo stato stesso. Ma questo richiederebbe un *haircut* ancora più alto per tutti gli altri.

C'è però un aspetto che rende la "tassa sui creditori" preferibile, in via di principio, rispetto a un aggiustamento fiscale più tradizionale: è come avere un'operazione chirurgica piuttosto che una cura più graduale. Sarà magari più dolorosa ma è un intervento rapido. Al contrario, ridurre il debito attraverso l'accumulo di surplus primari (tagliando la spesa o alzando le tasse) richiede tempo, anche decenni come vedremo. A molti piace questo aspetto "machista" del ripudio del debito. Mantenere il surplus primario a livelli elevati per tanti anni richiede perseveranza e ci si espone al rischio di ricadute. Ma, a parte questi discutibili aspetti psicologici, c'è una motivazione economica, apparentemente forte, a favore di un ripudio del debito rispetto al mantenimento di surplus primari elevati: il ripudio è un intervento una tantum, che non distorce i comportamenti futuri. Tenere invece un surplus primario elevato vuol dire tenere alte le tasse (tasse sul lavoro, per esempio, scoraggiando le assunzioni, o tasse sui profitti, scoraggiando l'investimento) o comprimere spese che possono favorire la crescita (spese d'investimento, spese di istruzione). Qui l'accento è sull'effetto dell'aggiustamento fiscale tradizionale sulla crescita potenziale dell'economia. Quanto questa obiezione sia valida dipende però da due cose. Primo, dal fatto che un ripudio del debito sia effettivamente percepito come un intervento una tantum, il che è tutto da vedere. Secondo, dal fatto che sia effettivamente difficile aumentare il surplus primario attraverso interventi che non tocchino la capacità di crescita potenziale dell'economia, cosa che invece credo sia fattibile nel caso italiano e su cui torneremo nel capitolo 11.

Ma se proprio si preferisce un intervento "chirurgico", allora non si capisce perché non tassare tutta la ricchezza (con una patrimoniale, pure discussa nel capitolo 11) invece di tassare solo una parte della ricchezza (quella detenuta in titoli di stato): in tal modo la base della tassa sarebbe più ampia e l'aliquota potrebbe quindi essere inferiore.

Chi pagherebbe una ristrutturazione del debito pubblico?

Chi sostiene che il debito pubblico vada ristrutturato lo fa anche perché pensa che a perderci saranno i ricchi (e le banche!), mentre le misure di austerità ricadono soprattutto sui redditi più bassi. Anche qui si parla un po' per sentito dire. Non ci sono analisi degli effetti redistributivi di una ristrutturazione del debito italiano. Il fatto che sia più o meno favorevole ai meno abbienti rispetto agli effetti causati da politiche di austerità dipende poi da quali politiche vengano adottate: ci sono politiche di austerità che possono colpire maggiormente le classi più abbienti.

Chiariamo però due cose. Primo, dietro alle banche italiane ci sono tanti privati cittadini, certo non tutti ricchi, come recenti vicende ci hanno mostrato. Secondo, se guardiamo alla detenzione diretta dei titoli di stato da parte delle famiglie italiane, l'indagine sui bilanci delle famiglie condotta dalla Banca d'Italia ci dice che, ovviamente, i titoli di stato detenuti dalle famiglie sono detenuti prevalentemente da quelle più ricche. Ma questo è vero per tutte le forme di ricchezza finanziaria. Anzi, per i più abbienti la quota di ricchezza investita in titoli di stato è un po' più bassa rispetto alla quota investita in altre forme di ricchezza finanziaria. E questo conferma che, se proprio si vuole andare a colpire la ricchezza, sarebbe meglio imporre una tassa su tutti i beni (una patrimoniale). Se si vogliono colpire i ricchi, perché colpire quelli che in passato avevano dato fiducia allo stato italiano piuttosto che quelli che avevano comprato, per esempio, titoli tedeschi?

La posizione del Fondo monetario internazionale sul ripudio del debito

Concludo questo capitolo con un chiarimento sul Fondo monetario internazionale. Non è vero che il Fondo esclude la ristrutturazione del debito come strumento di aggiustamento quando il debito è troppo alto. Anzi, ho l'impressione che il Fondo tenda ora a spingere in questa direzione con forse troppa energia, dimenticando proprio quello che ho sostenuto in questo capitolo: che una ristrutturazione ha effetti recessivi sull'economia simili a quelli di altre forme di aggiustamento fiscale, se non di più, visto che si tratta di un aggiustamento concentrato in tempi piuttosto brevi.

Non c'è dubbio che in un passato ormai abbastanza remoto il Fondo monetario vedesse il ripudio del debito come l'ultimissima misura a disposizione di uno stato indebitato. Ma le cose sono cambiate da tempo. Già negli anni ottanta la ristrutturazione del debito è stata una componente importante dei programmi del Fondo, soprattutto quelli con l'America latina. Alla fine degli anni novanta è stata poi introdotta una politica esplicita di "private sector involvement" (coinvolgimento del settore privato) che trovate descritta sul sito del Fondo (https://www.imf.org/external/np/exr/facts/privsec.htm), dove si sottolineano i vantaggi del ripudio del debito. Il Fondo, in particolare, nota che il ripudio del debito serve a combattere quello che in inglese si chiama "moral hazard", e cioè la tendenza a prestare in modo irresponsabile a paesi che non possono sostenere il debito. Non è una preoccupazione peregrina. Se io ho prestato a un paese a rischio e, per sobbarcarmi questo rischio, ho richiesto un tasso di interesse elevato, perché dovrei essere ripagato completamente, se ci sono problemi? Se lo fossi, si incoraggerebbero comportamenti troppo rischiosi da parte degli investitori, rendendo le crisi finanziarie più frequenti. E poi perché le risorse del Fondo dovrebbero essere utilizzate per ripagare gli investitori che hanno profittato attraverso rendimenti elevati delle disgrazie di un paese? Il Fondo è stato accusato più volte – spesso anche dalla destra americana – di intervenire per "salvare" (*bail out*) gli investitori. Non sembra una grande idea.

Questi sono argomenti validi e il Fmi ha introdotto negli ultimi anni nei suoi rapporti una sempre più attenta analisi della sostenibilità del debito pubblico, ossia della possibilità di mantenere una posizione fiscale sostenibile e non penalizzante per la crescita in assenza di una ristrutturazione del debito. E ha anche, più spesso che in passato, spinto verso una ristrutturazione (come nel caso della Grecia, che esamineremo nel capitolo seguente), talvolta anche quando il paese debitore era contrario.

Tutto bene, ma temo che il Fondo possa ora eccedere in senso opposto, ignorando gli argomenti presentati nelle pagine precedenti, soprattutto quello che la ristrutturazione del debito ha pesanti effetti recessivi. In proposito, è sorprendente che il documento principale che dà istruzioni allo staff del Fondo monetario su come valutare la sostenibilità del debito pubblico (lo trovate al sito www.imf.org/external/np/pp/eng/2013/050913.pdf) non menzioni affatto la necessità di valutare i costi in termini di crescita derivanti da una ristrutturazione del debito e come questi si confrontino con i costi derivanti da un aggiustamento fiscale tradizionale, quasi che i primi fossero inesistenti. Il Fondo parla spesso di *orderly debt restructuring*, ristrutturazione del debito in modo ordinato e, di fronte all'evidenza che molto spesso le ristrutturazioni avvengono in modo poco ordinato, ha sostenuto che questo avviene perché la ristrutturazione è stata troppo ritardata: se ci si fosse mossi prima… Il che è tutto da dimostrare: se una ristrutturazione del debito non dà i risultati sperati non ne consegue che avrebbe funzionato se fosse stata realizzata prima.

Un chiarimento finale: forse vi chiederete come mai il Fondo, che è spesso creditore di paesi in difficoltà, possa essere incline a operazioni di ristrutturazione del debito.

Senza voler pensar male, occorre però tenere conto che i prestiti del Fondo hanno un trattamento preferenziale (il Fondo ha un *preferred creditor status*), il che vuol dire che le operazioni di ristrutturazione del debito non coinvolgono mai i prestiti del Fondo stesso. A essere penalizzati sono solo gli altri investitori. Bella fatica allora! (Direbbero i maligni.)

Una postilla

Non vorrei avervi dato l'impressione di pensare che una ristrutturazione del debito sia sempre da evitare. La ristrutturazione del debito è onerosa ma la sua convenienza va, appunto, valutata rispetto al costo di un aggiustamento fiscale ordinario, che pure può essere elevato. Inoltre, una ristrutturazione può diventare inevitabile perché i mercati stessi la possono forzare. Se un paese non riesce più a prendere a prestito sui mercati, e non riesce ad avere un sostegno da parte della comunità internazionale, potrebbe essere obbligato a non pagare i propri creditori: se non lo facesse, dovrebbe, da un giorno all'altro non solo pareggiare il bilancio, ma anzi avere un surplus pari al debito che scade. Il che richiederebbe una frenata fiscale di portata drammatica. Ma nel caso dell'Italia siamo per fortuna lontani da questa situazione e credo proprio che ristrutturare il debito, con una mossa preventiva, sarebbe un errore clamoroso e non certo la facile via d'uscita che qualcuno prospetta. Insomma, se vi piace fare salti nel buio, questa è una buona occasione.

8.
La crisi greca

> "A sentire chi critica la Germania, ci si aspetterebbe che il termine e il concetto di "austerità" siano un regalo teutonico di dubbia qualità fatto al mondo. In realtà, *Austerität* è raramente usato in tedesco. Il termine è stato preso a prestito dall'inglese, che l'ha preso dal francese. Il francese l'ha preso dal latino che l'ha derivato, fra tutte le possibili fonti, proprio dal greco: *austeros* significa amaro."
>
> "THE ECONOMIST", 18 luglio 2015

Non conosco bene la Germania. Ci sono stato solo poche volte e sempre per periodi brevi. Ma quello che mi ha sempre colpito delle città tedesche in queste visite è l'amore evidente che i tedeschi hanno per la classicità. Lo si vede dall'architettura dei loro edifici pubblici, dalla simmetria ordinata delle loro piazze, dalla cura dei loro musei. Classicità greca e classicità latina. Viene da pensare che risentano ancora di una specie di complesso di inferiorità che risale a quando oltre il Reno non c'erano che selve e baracche di legno (ma, non dimentichiamo, anche la Foresta di Teutoburgo...) Le cose sono un po' cambiate da allora.

La storia della crisi greca non è solo la storia del debito pubblico greco, è anche una storia di tensioni tra il Nord e il Sud dell'Europa. Ma le controversie sulla sostenibilità del debito sono state al centro della crisi greca. Ripercorrere le vicende dell'economia ellenica negli ultimi anni ci permetterà quindi di mettere a fuoco, con riferimento a un caso concreto, alcuni degli aspetti discussi nei capitoli precedenti.

Il Pil greco in termini reali (cioè al netto dell'inflazione) è caduto tra il 2008 e il 2013 di quasi un quarto. Il tasso di disoccupazione si è quasi quadruplicato, sfiorando il 27 e mezzo per cento. Bastano questi numeri per capire la dimensione della crisi greca. Le cose erano un po' migliorate nel 2014 ma, con la nuova crisi politica della prima parte del 2015, il Pil è tornato a calare. Si spera che questa discesa si sia ora interrotta.

Perché questa crisi? È stata colpa della Troika (il nome dato alle tre istituzioni, Commissione europea, Banca centrale europea e Fondo monetario internazionale, che coordinavano il pacchetto di aiuti finanziari concesso alla Grecia in cambio di misure di austerità)? Che responsabilità hanno i governi greci che, in rapida successione, sono stati al potere negli ultimi anni? Purtroppo ci sono stati errori da più parti. Partiamo dall'inizio.

Occorre innanzitutto capire che la Grecia è arrivata alla vigilia della crisi economica mondiale del 2008-2009 dopo un prolungato, anche se insostenibile, boom economico. Dal 1998 al 2007, il Pil reale greco è aumentato a un tasso medio annuo del 4 per cento (un aumento cumulato del 42 per cento). Il che vuol dire, fra l'altro, che, nonostante la caduta del Pil durante la crisi, il livello di reddito in Grecia resta attualmente superiore a quello del 1999 (l'Italia, in questa corsa tra gamberi, non sta messa meglio; anche noi siamo tornati più o meno al livello del 1999; il nostro Pil è caduto meno della Grecia dal 2007, ma prima era cresciuto meno).

Il boom economico era stato causato dall'entrata della Grecia nell'area dell'euro e dalla rapida caduta dei tassi d'interesse cui i cittadini e il governo greco potevano prendere a prestito, compreso dall'estero. In un'area a moneta unica i tassi d'interesse tendono a convergere perché i capitali si spostano facilmente da paesi a tassi più bassi a paesi a tassi più alti, se non ci sono timori per la solidità dell'area stessa, come non ce n'erano dopo l'introduzione dell'euro. Le banche europee si sentivano sicure nel prestare alla Grecia anche a tassi bassi. Durante lo scorso decennio, gli altri paesi europei, le banche ma anche i cittadini attraverso l'acquisto di obbligazioni greche, finanziarono un aumento spettacolare della spesa di famiglie, imprese e stato greco. Il Pil cresceva di conseguenza, perché aumentava anche la domanda per prodotti interni, soprattutto servizi non esportabili, ma la spesa dei greci, e quindi le importazioni, crescevano anche più del Pil.

Le importazioni elleniche di beni e servizi infatti triplicano dal 1998 al 2007, aumentando di quasi 50 miliardi di euro. Le esportazioni non tenevano il passo, penalizzate da un aumento del costo del lavoro, un po' quello che è successo in Italia (ricordate quello che abbiamo detto nel capitolo 6 a proposito della perdita di competitività del nostro paese?), ma in misura molto più accentuata. La conseguenza di questa divergenza tra importazioni ed esportazioni era un crescente squilibrio dei conti con l'estero: nel 2008 questo squilibrio (che gli economisti chiamano "il deficit delle partite correnti della bilancia dei pagamenti") sfiorava il 15 per cento del Pil. È come se una famiglia guadagnasse 100 e spendesse 115. Per farlo la Grecia si indebitava massicciamente.

Insomma, nel periodo precedente la crisi i soldi dei risparmiatori esteri (ricordiamoci che quando diciamo che i prestiti li facevano le banche, alla fine si tratta di soldi che venivano da risparmiatori tedeschi, francesi, italiani, intermediati dalle banche) venivano utilizzati per alimentare una maggiore spesa greca. Certo, questo faceva crescere le esportazioni dei paesi europei, il che sosteneva l'occupazione nel resto dell'Europa. Ma la sostanza del discorso era che il lavoratore tedesco (o francese o italiano) produceva automobili che venivano acquistate dai consumatori greci, a fronte delle quali venivano emesse delle cambiali. L'aumento del debito sarebbe stato meno deleterio se i soldi che venivano dall'estero avessero finanziato investimenti produttivi. Purtroppo non era così. I soldi finanziavano consumi e investimenti di bassa qualità.

La spesa dei greci non era alimentata solo dai bassi tassi d'interesse ma anche dalla spesa pubblica del governo greco. Nel 2008 il deficit pubblico era pari al 10 per cento del Pil, ben al di sopra del limite massimo del 3 per cento previsto dalle regole europee. Un deficit di queste dimensioni era particolarmente preoccupante proprio perché seguiva una fase prolungata di boom economico. Quando l'economia cresce rapidamente, le entrate dello stato crescono pure rapidamente (o almeno dovrebbero) e se la spesa pubblica viene tenuta sotto controllo, il deficit pubblico si riduce. Periodi di boom economico sono quindi periodi in cui il debito pubblico dovrebbe scendere rapidamente. Nel caso greco questo non è avvenuto. Alla vigilia della crisi, a fine 2008, il debito pubblico greco era pari al 107 per cento del Pil. Ma come è possibile che questo possa essere successo senza cozzare contro le ferree regole fiscali europee? Be', le regole europee all'epoca erano un po' meno ferree di quelle attuali (che poi così ferree non sono, vedi capitolo 12). E poi i dati resi disponibili dalle autorità greche sulle proprie finanze erano truccati.

Dati truccati

Che il deficit pubblico greco fosse alto, mantenendo il debito a livelli elevati nonostante la forte crescita, era cosa nota, e fino alla metà del 2007 l'Unione europea aveva mantenuto aperta una "procedura di deficit eccessivo", la procedura per i paesi che violano le regole europee, in particolare il tetto del 3 per cento del Pil per il deficit. Ma nel 2007 la procedura veniva chiusa perché sembrava che il deficit fosse rientrato sotto il 3 per cento. Non per molto. La procedura veniva riaperta nel corso del 2008 perché le statistiche fornite dal governo greco dicevano che era risalito al 5 per cento.

I dati forniti, però, sottostimavano il deficit. Nel suo rapporto sulla Grecia di metà 2009 il Fondo monetario esprimeva preoccupazione per le discrepanze statistiche tra i dati ufficiali sul deficit e dati di altre fonti (in particolare i flussi di cassa e l'emissione di titoli del governo greco). In effetti, nell'ottobre dello stesso anno il nuovo governo greco ammise che i dati sul deficit e anche quelli sul debito fino ad allora pubblicati non erano quelli giusti: il deficit nel 2008 era pari al 7,7 per cento del Pil, e non al 5 per cento. In realtà il deficit venne poi ulteriormente rivisto al 10 per cento. Pesanti revisioni venivano anche introdotte per il debito pubblico rivisto dal 100 al 115 per cento del Pil.

La fornitura alla Commissione europea e al Fondo monetario di dati che sottostimavano gli squilibri nei conti pubblici greci minò fin dall'inizio il clima di fiducia che dovrebbe esistere tra partner internazionali. I dati truccati li aveva forniti il governo precedente, ma questi sviluppi non potevano non riportare alla mente moniti millenari (compreso il virgiliano "Timeo danaos et dona ferentes"). Non ci si può fidare dei greci e, forse, neppure degli altri popoli mediterranei (lo scandalo Volkswagen era ancora lontano; lo richiamo qui con vero rammarico: la seria incrinatura del mito della correttezza tedesca causata da quello scandalo amareggia quelli che amano la trasparenza e che vedevano nella Germania un esempio cui ispirarsi). Insomma, il primo programma di salvataggio greco non partiva sotto i migliori auspici.

Il fallimento del primo programma di salvataggio greco

Il programma di aggiustamento concordato con il Fondo monetario internazionale e i partner europei prevedeva una pesante dose di austerità fiscale (oltre a importanti riforme strutturali) in modo da portare il deficit al di sotto del 3 per cento del Pil già entro il 2014: il deficit si sarebbe dovuto ridurre di 5 punti percentuali e mezzo tra il 2009 e il 2010 (cioè ben del 40 per cento, una dose da cavallo) e continuare a scendere successivamente. Venne deciso in quella occasione di non ristrutturare il debito pubblico, cercando quindi di ripagarlo, il che ha spinto molti a sostenere che l'austerità, e la conseguente perdita di un quarto del Pil greco, era da imputarsi principalmente alla decisione di proteggere le banche tedesche detentrici di titoli greci.

Credo che la realtà sia diversa, anche se errori sono stati fatti un po' da tutte le parti, compreso dalla Troika. Ma andiamo con ordine.

È chiaro che dietro alla caduta del Pil greco ci sta in buona parte l'austerità fiscale. Ma non dimentichiamoci che il Pil, in conseguenza della crisi globale, nel 2008-2009 cadeva in tutto il mondo, anche nei paesi che si potevano permettere di aumentare la spesa pubblica e tagliare le tasse per sostenere l'economia. I greci non potevano permetterselo perché avevano conti pubblici disastrosi. Detto questo, stringere la politica fiscale causò un'ulteriore spinta recessiva, la cui portata venne inizialmente sottovalutata dalla Troika.

Si sarebbero potute evitare queste politiche restrittive? Evitarle avrebbe voluto dire mantenere il deficit pubblico greco ai livelli record raggiunti nel 2009. Chi avrebbe finanziato questo deficit? Visto che le banche europee non erano più disposte a farlo (questa era stata la causa immediata della domanda di finanziamenti che la Grecia aveva avanzato al Fondo monetario e all'Unione europea), i finanziamenti sarebbero dovuti arrivare dal settore pubblico (il Fondo monetario e i partner europei appunto). Ma perché i contribuenti europei avrebbero dovuto accollarsi l'onere di mantenere invariato lo standard di vita della Grecia, che era aumentato in modo rapidissimo negli anni precedenti la crisi, oltre la capacità di produrre ricchezza di quel paese? Una stretta fiscale era quindi inevitabile.

Ma sarebbe stato possibile un aggiustamento fiscale molto più modesto se si fosse deciso di ristrutturare il debito greco fin dall'inizio? Per esempio, la Grecia avrebbe potuto decidere di ripagare solo il 50 per cento del proprio debito. In questo caso, la stretta fiscale avrebbe dovuto essere meno potente. Ma non di molto. Nel 2009 il deficit pubblico greco superava il 15 e mezzo per cento del Pil. Il deficit primario era però del 10 e mezzo per cento, mentre la spesa per interessi era di circa il 5 per cento del Pil. Il che vuol dire che se anche il debito e la spesa per interessi fossero stati dimezzati la Grecia avrebbe comunque dovuto tagliare le spese o aumentare le entrate per un importo pari al 12 e mezzo per cento del Pil (nell'ipotesi di mantenere un bilancio in pareggio dopo la ristrutturazione del debito, vista la conseguente difficoltà di prendere a prestito dai mercati). Pensate a una famiglia che è indebitata. Si potrà pure dimezzare il debito e gli interessi ma non potrà continuare a spendere più di quanto guadagna. Insomma, il grosso del deficit era dovuto non agli interessi ma all'eccesso delle spese primarie sulle entrate.

Certo, l'aggiustamento fiscale avrebbe potuto essere un po' più basso, soprattutto se, dopo la ristrutturazione del debito, la comunità internazionale avesse ricominciato a prestare soldi alla Grecia (evitando il bisogno immediato di pareggiare il bilancio). Ma c'erano buoni motivi – per gli europei, almeno, e in parte anche per i greci – per cercare di evitare, o per lo meno rinviare, una ristrutturazione del debito. Prima di tutto, una parte del debito era detenuta da investitori greci, anche se meno che in altri paesi (come l'Italia). All'epoca circa un terzo del debito greco era detenuto internamente. Per questo terzo, il ripudio del debito sarebbe stato equivalente a una tassa con effetti recessivi sull'economia (come abbiamo discusso nel capitolo precedente). E i restanti due terzi? La maggior parte era detenuta da investitori europei. Le banche, si dice. Ma chi c'è dietro le banche? Ci sono risparmiatori e imprese che sarebbero state penalizzate dalla cancellazione del debito greco. Una parte della perdita sarebbe stata assorbita dai proprietari delle banche, ma ci sarebbero state ripercussioni anche per chi prestava agli istituti di credito, cioè i risparmiatori. O le banche avrebbero dovuto compensare le perdite aumentando i tassi cui prestano alle imprese, che ne avrebbero sofferto. Detto questo, il debito greco era piccolo rispetto all'economia europea, per cui questi effetti sarebbero stati relativamente modesti.

Quello che gli europei maggiormente temevano era che una ristrutturazione del debito greco avrebbe fatto pensare che lo stesso approccio sarebbe stato seguito anche per altri paesi, il che avrebbe causato una crisi del debito anche in Italia, Portogallo, Irlanda, Spagna, economie ben più grandi di quella greca. Meglio evitare quindi una ristrutturazione, almeno fino al momento in cui fosse stata creata una rete di protezione europea (un sistema di finanziamenti verso i paesi sottoposti a pressione dei mercati) che rassicurasse gli investitori riguardo ai possibili effetti di contagio in caso di ripudio del debito greco.

Il dibattito all'interno del Fondo monetario su questi temi nel 2010 fu intenso. Alla fine si decise di procedere senza ristrutturare il debito ellenico. Il contagio ad altri paesi restò contenuto. Nel maggio 2010, all'inizio del programma greco, lo spread italiano era ancora basso (125 punti base). Non sapremo mai cosa sarebbe successo se la Grecia avesse ripudiato il debito nel 2010. Quel che sappiamo è che il ripudio del debito a fine 2011 non fu poi quella mossa decisiva per l'economia greca che i sostenitori del ripudio si sarebbero forse aspettati; e certamente causò un forte contagio che scosse il nostro paese e l'intera area dell'euro.

Credo quindi che non ripudiare il debito nel 2010 sia stata la decisione giusta. E forse il primo programma di salvataggio alla Grecia avrebbe potuto funzionare se non si fossero commessi due gravi errori.

Gli errori del primo programma di salvataggio e il secondo programma

Il primo errore fu di prestare alla Grecia a condizioni proibitive, in termini di tasso di interesse e scadenze, condizioni che rendevano poco credibile che Atene ripagasse i prestiti ricevuti e che accentuavano la dose di austerità richiesta. Quasi tre quarti dei finanziamenti erano erogati dai paesi dell'Unione europea. Lo spread su questi prestiti rispetto al tasso interbancario europeo (il cosiddetto Euribor a tre mesi) era vicino ai 400 punti base, più un'addizionale di altri 50 punti base per ogni rata del prestito erogata, meno di quello che la Grecia avrebbe pagato sul mercato, ma comunque un costo molto, molto alto. Inoltre, la scadenza per il rimborso era fra i tre e gli otto anni, un tempo piuttosto breve tenendo conto della dimensione del debito e del deficit ellenico che rendevano difficile per la Grecia tornare a prendere a prestito dai mercati per ripagare il pacchetto di salvataggio. I prestiti erogati dal Fondo monetario erano meno onerosi, anche se non di molto. Ma il Fondo monetario ha le sue regole e forse i membri non europei del Fmi non avrebbero gradito un cambiamento delle regole a vantaggio di un paese europeo. Invece, i prestiti europei potevano essere erogati a condizioni molto più generose. Perché non sia successo non mi è chiarissimo. Resta il sospetto che si volesse "punire" la Grecia per i propri peccati economici. Fatto sta che condizioni di finanziamento così pesanti comportavano un grado di austerità molto più forte, il che contribuiva al crollo del Pil riducendo la credibilità del programma.

Il secondo errore è stato ugualmente grave: se da un lato si decideva di non ristrutturare il debito, dall'altro si faceva capire che una ristrutturazione sarebbe stata probabile in una data successiva. Potete immaginare l'effetto che questo ha avuto sui mercati finanziari (immaginate cosa avreste fatto voi dei vostri titoli greci di fronte a una probabile ristrutturazione del debito...) e sulla credibilità del programma. Come vi si è arrivati?

Come abbiamo visto, un programma di aggiustamento che non includesse il ripudio del debito era visto da molti come un favore a chi aveva investito in Grecia (le banche tedesche e francesi). La comunità internazionale, si diceva, dava soldi ad Atene affinché questa potesse ripagare i prestiti dati dalle banche francesi e tedesche che si erano arricchite alle spalle dei greci.

In realtà, questi argomenti non erano molto validi. Se il programma avesse funzionato, i finanziatori privati (chiamiamoli "le banche", per semplicità, anche se le cose sono più complicate, come abbiamo visto) avrebbero prima o poi ricominciato a prestare alla repubblica ellenica. I prestiti fatti dalla comunità internazionale sarebbero a quel punto stati ripagati, quindi non ci sarebbe stata nessuna uscita definitiva del capitale privato dalla Grecia.[1]

Fatto sta che la pressione politica sui governi europei per un intervento che penalizzasse chi aveva prestato alla Grecia si intensificava. Alla fine, solo dopo pochi mesi dall'inizio del programma di aggiustamento, durante il vertice tenuto a Deauville (in Francia) il 19 ottobre 2010, Nicolas Sarkozy e Angela Merkel annunciarono (forse perché, direbbero i maligni, a quel punto le banche tedesche e francesi erano in parte già state rimborsate?) che il settore privato avrebbe dovuto dare un contributo al salvataggio dei paesi in crisi attraverso quello che in gergo viene chiamato "private sector involvement" (abbiamo introdotto questo concetto nel capitolo precedente), un eufemismo per una ristrutturazione del debito. In linea di principio, l'annuncio si riferiva alle operazioni di salvataggio future ed era abbinato alla decisione di creare un meccanismo permanente di finanziamento dei paesi europei in crisi. Ma era un chiaro segnale che la ristrutturazione del debito, in Grecia e negli altri paesi europei, non era più un tabù.

La reazione dei mercati finanziari si fece sentire subito. Lo spread sui titoli greci, che era sceso di 300 punti tra l'inizio di settembre e metà ottobre 2010, risalì da 650 a 900 punti base nel giro di pochi giorni. Tutto questo rendeva molto improbabile che la Grecia potesse tornare a prendere a prestito dai mercati finanziari nella primavera del 2012, cosa prevista dal programma di aiuti e legata, appunto, alla scadenza relativamente breve del pacchetto di salvataggio. Era l'inizio della fine del primo programma.

A ben vedere, entrambi gli errori che minarono il primo programma erano figli dell'incapacità di capire che, una volta deciso di sostenere la Grecia, lo si doveva fare fino in fondo e non cercare al tempo stesso di "punire" chi aveva peccato (da un lato, la Grecia per i suoi deficit eccessivi, dall'altro, chi le aveva prestato con eccessiva leggerezza). I pacchetti di salvataggio hanno, sì, effetti collaterali spiacevoli: si premiano comportamenti inappropriati (chi prende a prestito troppo alla leggera, chi presta troppo alla leggera). Abbiamo visto nel capitolo precedente che c'è un termine economico per questi comportamenti (*moral hazard*). Ma ci si deve preoccupare di eliminare il *moral hazard* una volta terminata la crisi (per esempio con controlli più adeguati sulle finanze pubbliche e con la regolamentazione dei mercati finanziari), non nel corso di una crisi. Lo sanno bene gli Stati Uniti che, dopo il rifiuto di sostenere la banca d'investimento Lehman Brothers (rifiuto che scatenò la crisi del 2008-2009), sono intervenuti massicciamente a favore delle loro banche nel 2009, una strategia che ha sostenuto l'attività economica e permesso di recuperare tutti i soldi investiti nelle banche (raggiungendo anzi un piccolo profitto negli anni successivi).

L'aumento degli spread che seguì l'annuncio di Deauville sancì la fine del primo programma di salvataggio. Dopo una lenta agonia, a fine 2011 si giunse alla decisione di ristrutturare il debito greco e, nella primavera del 2012, di ripartire con un secondo pacchetto di salvataggio. Il taglio al valore del debito (l'*haircut*, come l'abbiamo chiamato nel capitolo 7) era di 107 miliardi di euro (circa il 50 per cento del Pil), una cifra molto elevata. Ma il rapporto tra debito e Pil scese nel 2012 molto meno (dal 170 per cento del Pil a fine 2011 a 157 per cento a fine 2012) per il continuo calo del Pil, perché il deficit pubblico restava ingente e, soprattutto, per la necessità di sostenere con finanziamenti pubblici le banche greche detentrici di titoli di stato (che non si potevano lasciar morire se si voleva salvare i depositanti greci), il che dimostra le difficoltà che sorgono in una ristrutturazione sul debito interno.

Con il secondo programma di sostegno i finanziamenti europei vennero erogati a tassi d'interesse molto bassi (pochi punti base al di sopra dei tassi tedeschi) e con scadenze molto lunghe (il debito finirà di essere ripagato nel 2067). La lezione era stata imparata, ma forse troppo tardi. L'Italia contribuisce a questi aiuti – direttamente o indirettamente – per circa 40 miliardi di euro. Il nostro paese prende a prestito dai mercati a tassi un po' più alti di quelli cui la Grecia riceve prestiti dall'Europa. Il che vuol dire che prestando ad Atene ci perderemmo dei soldi anche se il prestito fosse pienamente restituito. Credo comunque ci convenga perché l'uscita della Grecia dalla moneta unica sarebbe in ogni caso uno shock molto rilevante per tutta l'area. Ma volevo ricordarlo a chi dice che l'Europa non ha mostrato abbastanza solidarietà con Atene. All'inizio era vero. Ora non più: il rapporto tra spesa per interessi e Pil nel 2015 è del 3,6 per cento per la Grecia, molto più basso di quello che era nel 2007 (4,5 per cento), nonostante un debito molto più alto. Il peso degli interessi per la Grecia è ora anche minore di quello italiano (4,2 per cento del Pil nel 2015).

L'economia greca cominciò a migliorare nel corso del 2013 e all'inizio del 2014 si tornò a una, seppur modesta, crescita economica. Il deficit pubblico si era ridotto (a maggio 2014 si prevedeva un deficit per quell'anno vicino al 3 per cento, con un surplus primario dell'1 e mezzo per cento). Restavano molti problemi: per esempio, la lotta all'evasione fiscale non aveva dato grandi risultati, con ripetuti cambiamenti al vertice dell'Agenzia delle entrate greca a seconda di come tirava il vento politico. Molte riforme restavano incompiute. Ma, tutto sommato, le cose stavano cominciando a migliorare.

La crisi del secondo programma di salvataggio e il terzo programma

La crisi del secondo programma di aiuti fu di natura più politica che economica. Certo, la sinistra radicale anti-Troika si era molto rafforzata come reazione all'austerità e alla caduta del Pil, e qualcuno potrebbe sostenere che una crisi politica era inevitabile come conseguenza della crisi economica. Fatto sta che quello che causò la caduta del governo a fine 2014 e la necessità di nuove elezioni fu un incidente che poteva facilmente essere evitato. Il parlamento venne sciolto per l'impossibilità di eleggere un nuovo presidente della repubblica (che, come in Italia, viene eletto dal parlamento). Mancavano dieci voti. Quei dieci voti hanno cambiato la storia economica della Grecia, almeno per un po' d'anni.

Non è questa la sede per ripercorrere in dettaglio le vicende politiche greche del 2015, la vittoria di Tsipras, l'alternarsi di annunci anti-Troika e riavvicinamenti all'Europa, il referendum contro le richieste europee, la marcia indietro e l'accordo finalmente raggiunto per un terzo pacchetto di aiuti.

Quello che ci interessa è la decisione finale presa dal governo greco di restare nell'area dell'euro e continuare il rafforzamento dei conti pubblici e le riforme strutturali. Il nuovo programma di aggiustamento sta procedendo più o meno come previsto. Alla data di completamento della stesura di questo libro resta da stabilire in che misura la Grecia beneficerà di una seconda ristrutturazione del debito, questa volta nei confronti dei paesi europei, che sono ora i principali detentori del debito greco. La questione sarà discussa nei primi mesi del 2016. Il Fondo monetario internazionale ha preso una chiara posizione: il debito ellenico è insostenibile, pubblicando le proprie valutazioni su questo tema (il cosiddetto "debt sustainability assessment") immediatamente prima del referendum sull'accettazione delle proposte europee del luglio 2015, e rivedendole immediatamente dopo il referendum. La pubblicazione di queste valutazioni, in documenti disgiunti dalla pubblicazione di un rapporto più ampio sul paese, è stata cosa del tutto inusuale, e sottolinea quanto chiaramente il Fondo abbia voluto esprimersi in materia indicando che il proprio coinvolgimento nel terzo programma di aiuti richiederà una ristrutturazione del debito verso l'Europa. Gli europei sono molto più cauti notando che le condizioni cui la Grecia riceve prestiti sono già molto vantaggiose in termini di tasso d'interesse e di scadenza. Ma l'Europa, tanto per complicare le cose, insiste sul fatto che il Fondo monetario rientri a far parte del gruppo di finanziatori. Insomma, un accordo deve ancora essere trovato. Vedremo come andrà a finire.

Cosa ci insegna la crisi greca?

Ci insegna tante cose:

- Ci sono periodi in cui è facile sostenere deficit elevati per parecchio tempo perché i mercati finanziari si lasciano talvolta prendere la mano e prestano a tassi bassi anche quando sarebbe prudente non farlo.

- Nei periodi di crescita economica occorre rafforzare le finanze pubbliche e ridurre il rapporto tra debito e Pil. Prima o poi le cose cambieranno e se si parte da deficit e debito elevati, ci si trova presto nei guai quando le condizioni economiche peggiorano. I mercati finanziari cambiano umore facilmente, ma quando lo cambiano si paga il conto con gli interessi (è il caso di dirlo, parlando di debito).
- Nel caso greco, all'inizio del programma di aiuti sarebbe stato meglio prestare ad Atene a condizioni più favorevoli e richiedere un aggiustamento fiscale più graduale. Ma non era possibile evitare una significativa dose di austerità in un paese che viveva ampiamente al di sopra dei propri mezzi.
- Ristrutturare il debito è traumatico anche quando una quota non indifferente del debito è detenuta all'estero (soprattutto se l'estero è piuttosto vicino). Nel caso greco la pesante ristrutturazione del 2012 non ha risolto tutti i problemi e, dopo la ristrutturazione, il debito ha ricominciato a crescere. Gli effetti di contagio sono stati rilevanti. È tutto da dimostrare che gli esiti sarebbero stati più favorevoli se il debito fosse stato ristrutturato nel 2010.

9.
Terza soluzione: Mutualizziamo il debito

"I get by with a little help from my friends."

THE BEATLES, *With a little help from my friend*

La situazione in Europa nel 2011-2012 era paradossale: alcuni paesi soffrivano a causa della prima crisi che l'euro stava attraversando dalla sua nascita, altri ne beneficiavano. I capitali, infatti, si spostavano dai paesi sotto la pressione dei mercati finanziari (quelli del Sud Europa più l'Irlanda), facendo aumentare i tassi di interesse, a quelli del Nord Europa (soprattutto la Germania), facendo scendere i tassi di interesse. La fuga era generata dalla paura di un'uscita dall'euro dei paesi a bassa competitività e ad alto debito. Ma l'euro non era il prodotto di un ideale di unione economica e, in prospettiva, politica? E se questo era l'ideale, non ne conseguiva anche la necessità per i paesi "forti", e che per giunta traevano vantaggio dalla crisi, di sostenere in qualche modo i paesi "deboli"? Quello che mancava all'architettura europea non era un elemento di solidarietà? Come dicevano i Beatles, ce la si può cavare con un po' d'aiuto dagli amici.

Da questa osservazione partirono in quel periodo diverse proposte per "condividere il rischio" (*risk sharing*) tra membri dell'area dell'euro. Questo capitolo parla di tali proposte di condivisione dei rischi, con una particolare attenzione a quelle che comportano la mutualizzazione del debito pubblico, cioè il rimpiazzo del debito emesso dai singoli stati con un debito emesso da un'entità centrale europea, magari da un ministero delle Finanze europeo. È questo forse il modo con cui il debito italiano può essere ridotto? Purtroppo, come vedremo, la mutualizzazione del debito richiede uno spirito di solidarietà che non troviamo neppure negli stati federali (come gli Stati Uniti, il Canada o la Germania), cioè in quelle aree monetarie che hanno raggiunto una piena unione politica. Aspettarsi che questo accada nell'area dell'euro, che è ancora molto lontana da un'unione politica, è quindi irrealistico.

Condividere il rischio in un'unione monetaria

Molti economisti hanno sostenuto che il buon funzionamento di aree monetarie come quella dell'euro richiede forme di condivisione del rischio: se un membro dell'unione monetaria subisce uno shock – specifico di quel paese (gli economisti parlano di shock idiosincratici, tanto per complicare un po' le cose) o comune a tutta l'area (in quest'ultimo caso il ragionamento vale solo se lo shock ha ripercussioni diverse tra paesi) –, dovrebbe essere aiutato dagli altri membri dell'unione. Questa condivisione del rischio è necessaria perché i paesi, entrando a far parte di un'area comune, perdono uno strumento fondamentale per assorbire gli shock – la politica monetaria e di cambio – e di solito vengono anche vincolati nella gestione della politica fiscale (come vedremo nel capitolo 12). Inoltre, aiutare i paesi in crisi va a vantaggio di tutti perché una crisi in uno stato può contagiare facilmente gli altri paesi della stessa area monetaria. Quindi, per lo meno nel caso in cui i membri rispettino le regole del club, dovrebbero beneficiare del supporto degli altri membri in caso di necessità.

Questa la teoria. Ma, in pratica, che succede? In pratica, le forme di condivisione del rischio sono meno frequenti ed estese di quanto molti sostengano, anche nelle aree monetarie che hanno raggiunto una piena unione politica, cioè negli stati federali.[1]

Ci sono tre modi per aiutare paesi colpiti da uno shock. Il primo è di trasferire risorse a fondo perduto. Il secondo è di prestare risorse. Il terzo è di mettere in comune il debito emettendo titoli o fornendo garanzie in comune (il che aiuta i paesi "deboli" indipendentemente dal fatto che siano o no in crisi, ma li aiuta di più in caso di crisi, quando i tassi d'interesse sul debito tendono ad aumentare).

Cominciamo dai trasferimenti a fondo perduto. Questo è stato un tema molto studiato dagli economisti che si sono occupati dell'area dell'euro. Fin dai primi anni novanta, quando è stato annunciato il progetto della moneta unica, molti economisti hanno notato che nelle aree monetarie i paesi che cadevano in recessione ricevevano dal centro maggiori trasferimenti netti. Cioè la differenza tra risorse ricevute dal centro e risorse trasferite al centro cresceva quando i paesi erano in difficoltà. Non si potevano introdurre meccanismi simili in Europa? Diverse proposte in proposito furono avanzate, anche dalla Commissione europea e dal Fondo monetario.[2]

In realtà, i trasferimenti netti che si realizzano in presenza di shock nelle altre aree monetarie avvengono come conseguenza dell'accentramento di certe politiche di tassazione e spesa in un bilancio centrale (un bilancio federale). Il grosso dell'aumento di questi trasferimenti netti deriva, in particolare, dall'accentramento delle imposte sul reddito, per cui i cittadini del paese in crisi pagano meno tasse al bilancio federale quando il loro reddito scende. Inoltre, se esiste un sussidio di disoccupazione centrale, quando un membro di uno stato federale cade in recessione, i suoi cittadini ricevono più soldi dal bilancio federale.[3] Invece, i trasferimenti lordi agli stati volti specificatamente ad attenuare gli effetti degli shock sono piuttosto limitati. Quindi, l'aumento dei trasferimenti netti è l'effetto collaterale dell'esistenza di un bilancio federale in cui si sono accentrati certi strumenti di tassazione e spesa. Il bilancio dell'Unione europea è invece minuscolo (più o meno un ventesimo di quello che troviamo anche nelle federazioni fiscali più decentrate) e, al momento, non svolge nessun ruolo significativo in termini di condivisione del rischio. Il ministro Padoan ha proposto, anche di recente, di centralizzare certe politiche fiscali, come quelle per i sussidi di disoccupazione (trovate la proposta al sito www.mef.gov.it/inevidenza/article_0165.html). Ma questa centralizzazione urta con l'avversione dei paesi europei a ridurre la propria sovranità. Né c'è stato alcun progresso nella creazione di meccanismi di trasferimento ad hoc, che, comunque, come ho detto, non esistono neppure negli stati federali.

Il secondo modo di condividere il rischio è di elargire prestiti ai membri dell'unione monetaria colpiti da uno shock. I prestiti vanno erogati a tassi d'interesse ragionevoli. Non era questo il caso, come abbiamo visto, del primo programma di sostegno alla Grecia. Ma poi le cose sono state sistemate, su base, per così dire, istituzionale, creando un sistema permanente di finanziamenti ai paesi dell'area dell'euro in difficoltà. Quindi, in questo campo c'è stato effettivamente un progresso. In questo caso si segue l'esperienza degli stati federali, o almeno di alcuni. Infatti, mentre in paesi come gli Stati Uniti il bilancio federale non è mai intervenuto (dal 1840) a sostegno di uno stato, in altre federazioni (compresa la Germania) ci sono stati diversi casi d'intervento del bilancio centrale a favore dei membri della federazione (i *Länder* tedeschi).

Nell'area dell'euro, vista l'assenza di un bilancio centrale di dimensioni adeguate, si è creata una istituzione ad hoc, con sede in Lussemburgo, chiamata European Stability Mechanism (Esm), attualmente guidata da un tedesco, Klaus Regling, ex Fondo monetario ed ex Commissione europea, ottimo economista e gran conoscitore dei meccanismi istituzionali europei. L'Esm eroga prestiti in cambio di politiche di aggiustamento fiscale e strutturale, proprio come fa il Fondo monetario. Le procedure richieste per questi prestiti sono piuttosto complicate, ma sono quelle cui l'Europa ci ha ormai abituato (e su cui torneremo nel capitolo 12 parlando di regole fiscali continentali). La cosa più importante da notare per questo libro è che la solidarietà derivante dai prestiti dell'Esm riguarda i paesi che sono già in crisi. Non si tratta quindi di un meccanismo che i paesi ad alto debito possono utilizzare per ridurre il debito o il suo costo al fine di evitare una crisi.

Il terzo approccio alla condivisione del rischio in un'unione monetaria è invece quello che più ci interessa: comporta mettere in comune il debito, o parte di esso, cioè rimpiazzare il debito dei singoli stati con un debito emesso o garantito centralmente, da una istituzione europea ad hoc o dalla Commissione europea, riducendo quindi il rischio di crisi.

Debito europeo per rimpiazzare il debito degli stati

Le tante proposte a riguardo sono quasi tutte caratterizzate dalla stessa idea. Una istituzione europea emette titoli sul mercato che sono garantiti congiuntamente da tutti i paesi dell'area dell'euro (la frase magica è che la garanzia deve essere "joint and several", il che vuol dire che ogni membro è responsabile per l'intero prestito: ovvero il creditore, se ci sono problemi, può rivolgersi a qualunque membro dell'unione per riscuotere l'intero importo).[4] Vista la garanzia a livello europeo, i nuovi titoli sono emessi a tassi bassi e le risorse raccolte sono utilizzate per finanziare l'acquisto di una parte dei titoli emessi dai singoli stati a tassi più alti. Questo toglie dal mercato una parte rilevante dei titoli, in alcune proposte fino al 60 per cento del Pil, che circolavano a tassi elevati. I paesi membri quindi diventano debitori verso un'istituzione europea, e non più verso i capricciosi mercati finanziari, e ripagano il debito nel tempo, magari fornendo in garanzia attività reali (per esempio, il patrimonio immobiliare dello stato).[5]

Si tratta spesso di meccanismi ingegnosi, ma queste idee non sono andate molto avanti. Il problema è che queste proposte richiedono un grado di solidarietà – di altruismo – che non si trova neppure negli stati federali, cioè in quelle aree economiche che hanno abbandonato molti aspetti della propria sovranità nazionale e che fanno parte di un'unica nazione. Negli stati federali il debito federale viene tipicamente emesso per finanziare il deficit federale, non per finanziare il deficit degli stati membri, né per sostituire il debito dei paesi membri con nuovo debito emesso centralmente.[6]

L'idea, anche negli stati federali, è che ogni membro

(ogni stato americano, ogni *Land* tedesco) sia responsabile per il finanziamento del proprio deficit e del proprio debito. Ci sono stati casi in cui al momento della creazione di una nuova nazione c'è stato un accentramento del debito. È quello che è successo negli Stati Uniti dopo la Guerra d'indipendenza. Ma il debito degli stati, in quella occasione, era essenzialmente dovuto all'aver combattuto una guerra in comune contro gli inglesi, non per sostenere più elevati livelli di welfare, o, ancor peggio, di spreco, nella spesa pubblica dei singoli stati.[7]

Perché dunque i nostri partner nordici dovrebbero accollarsi l'onere di garantire il debito contratto dall'Italia? Certo, si possono trovare ottime ragioni, compreso quella che un buon funzionamento dell'area dell'euro alla fine conviene anche a loro. Ma resta il fatto che la mutualizzazione del debito non è per niente frequente, neppure negli stati federali.

Un post scriptum sul "Padre"

Concludo questo capitolo con una delle poche proposte di abbattimento del debito europeo che non richiede forme di garanzia da parte di tutti i paesi membri e quindi non implica quel tipo di altruismo che mi sembra irrealistico attendersi sulla base dell'esperienza storica. È una sezione un po' più tecnica e i lettori non interessati potranno saltarla senza problemi.

La proposta, chiamata "Politically Acceptable Debt Restructuring in Europe" ("Padre"), viene da due economisti francesi, Pierre Paris e Charles Wyplosz.[8] L'idea è brillante. Ogni paese europeo ha una ricchezza futura che è abbastanza certa ma che non controlla direttamente (e che quindi non può sprecare). Si tratta della propria quota dei profitti della Banca centrale europea. Questi profitti dipendono dalla capacità della Banca centrale di stampare banconote che non costano quasi nulla ma hanno un valore (si tratta di quello che nei capitoli 1 e 6 abbiamo chiamato "signoraggio", il diritto di battere moneta). L'importo di questi profitti – dicono gli autori della proposta – è abbastanza certo nel tempo, a meno di pensare a un forte calo del fabbisogno di banconote nei prossimi decenni (il che è possibile ma gli autori assumono che non lo sia).

I paesi europei potrebbero quindi rinunciare a questi profitti e con il valore corrispondente potrebbero coprire le perdite di un ente che assorbisse, a rendimento zero, metà dei titoli di stato in circolazione, in modo da dimezzare il debito pubblico europeo. Gli acquisti di titoli da parte di questo ente dovrebbero essere ripartiti tra i paesi sulla base della propria quota di distribuzione dei profitti, che dipende dalle quote di partecipazione dei vari paesi nella Banca centrale europea. Non ci sarebbe bisogno di garanzie di alcun tipo perché la fonte dei profitti sarebbe la stessa Bce e quindi non ci sarebbe la possibilità per un paese membro di non versare la propria quota annuale. Inizialmente lo schema sarebbe in perdita perché i profitti ceduti non coprirebbero le perdite sui titoli acquistati, ma quel che conta è che il valore scontato dei flussi futuri derivanti dal signoraggio ecceda il valore delle perdite sulla conversione dei titoli.

Lo schema presenta un paio di punti critici. Il primo è che la cessione dei diritti alla propria quota di signoraggio da parte di un paese ne peggiorerebbe le finanze pubbliche per i decenni successivi. È vero quindi che il debito di un paese si ridurrebbe, ma si ridurrebbe anche il valore futuro delle entrate. Il secondo problema è empirico. Non è per niente chiaro se il valore del signoraggio sia sufficiente per coprire il costo dell'operazione, soprattutto tenendo conto di possibili cambiamenti (per esempio nelle tecnologie di pagamento) che potrebbero ridurre il fabbisogno di banconote.

Fatto sta che neppure questa proposta è andata avanti. Pragmaticamente credo sia meglio pensare a come ridurre il debito pubblico senza sperare in una sua mutualizzazione o in altre operazioni di ingegneria finanziaria.

10.
Quarta soluzione: I gioielli della Corona

"In teoria non c'è differenza tra teoria e pratica: in pratica c'è differenza."

YOGI BERRA, citazione apocrifa

Il debito pubblico italiano è gestito dalla Direzione del Tesoro del ministero dell'Economia e delle finanze. È così in molti paesi: il ministero che gestisce il debito è il ministero del Tesoro. Il nome tradisce il fatto che uno dei compiti principali di questa parte della pubblica amministrazione era, in origine, gestire non tanto il debito, ma le attività reali e finanziarie di proprietà pubblica, il tesoro, appunto. Il debito pubblico è, in una prospettiva storica, un'invenzione relativamente recente (come descritto nel libro di Niall Ferguson, *The Cash Nexus*, già citato alla nota 2 del capitolo 1), al contrario del debito privato che invece esiste da millenni. Molto prima era sorta la necessità di gestire la ricchezza del sovrano – i gioielli della Corona – e chi la gestiva era il tesoriere del regno.

Quando uno stato è fortemente indebitato, è naturale chiedersi se, a fronte del debito, non esistano anche ingenti attività che magari potrebbero essere vendute per ridurne il peso. Puntualmente, anche in Italia, quando si fanno più accese le discussioni su come ridurre il debito pubblico, molti trovano nella vendita delle attività detenute dallo stato il deus ex machina per evitare una dolorosa austerità. E quelli che non parlano di vendita invocano la necessità di valorizzare la ricchezza dello stato, aumentandone il rendimento in modo da ricavarne risorse per pagare gli interessi sul debito.

Come vedremo, in teoria le attività del settore pubblico italiano sono ingenti. Ma, in pratica, venderle non è per niente semplice. Questa è un'area in cui la distanza tra la teoria di quello che si può fare e la pratica risulta particolarmente ampia (da qui la citazione all'inizio di questo capitolo).[1]

Quanto è grande la ricchezza delle pubbliche amministrazioni?

Non si sa precisamente, il che vi dà subito l'idea delle difficoltà che si incontrano nel realizzare un potenziale piano di vendita. La Direzione del Tesoro ha avviato dal 2010 una rilevazione estesa a tutte le pubbliche amministrazioni – anche per adempiere la richiesta contenuta nella legge 191 del 2009, articolo 2, comma 222, di pubblicare un Rendiconto patrimoniale a valori di mercato –, ma per ora le attività coperte hanno compreso soltanto immobili e partecipazioni (si sta lavorando sulle concessioni, ma i relativi dati non sono ancora disponibili). Inoltre, per ora la rilevazione riguarda le quantità, non il valore di mercato delle proprietà. Un altro problema è che, come spesso accade nel nostro paese, non tutte le pubbliche amministrazioni hanno risposto alla richiesta di fornire dati sul proprio attivo (la legge non prevede penalità per gli inadempienti, purtroppo). Al momento il Tesoro non pubblica quindi un dato sulla ricchezza delle pubbliche amministrazioni. Ciò detto, proviamo a fare qualche conto basandoci sulle informazioni disponibili. Dove ci porta questa... caccia al tesoro?

Per la sola amministrazione centrale, più precisamente per lo stato, viene pubblicato il Conto generale del patrimonio dello stato curato dalla Ragioneria generale, in cui però i valori riportati non sono a prezzi di mercato ma a valori storici di bilancio (per esempio nel caso degli immobili), valori che possono essere molto lontani dai prezzi di mercato. Questo documento stima per lo stato un totale di attività pari a 969 miliardi a fine 2014 (ho arrotondato:

la Ragioneria presenta un totale in termini di euro e centesimi), di cui 669 miliardi sono rappresentati da attività finanziarie e 300 miliardi da attività reali.

Inoltre, l'Istat ha pubblicato a maggio 2015 il valore delle attività non finanziarie di tutte le pubbliche amministrazioni (http://www.istat.it/it/archivio/160822). Secondo l'Istat, a fine 2013 la ricchezza non finanziaria delle pubbliche amministrazioni (inclusiva – cito alla lettera – di immobili, impianti, macchinari, armamenti, risorse biologiche coltivate, prodotti di proprietà intellettuale e terreni agricoli) ammontava a 491 miliardi, il che quadra abbastanza con il dato riportato dalla Ragioneria per il solo stato (anche perché la fonte è in parte proprio quella, anche se poi l'Istat ha proceduto a una stima approssimata dei prezzi di mercato degli immobili).

Ora, se aggiungiamo a questa stima delle attività reali (491 miliardi) il dato sulle attività finanziarie dello stato (669 miliardi; si tratta di anni diversi ma non di molto), arriviamo a 1160 miliardi. Questo non comprenderebbe però le attività finanziarie della parte non statale della pubblica amministrazione.[2]

Guardiamo infine le stime pubblicate in passato: la più citata è quella di Edoardo Reviglio che, nel 2011, stimava un attivo totale di 1815 miliardi per tutte le pubbliche amministrazioni.[3] Come ordine di grandezza ci siamo, ma il margine di errore sembra essere ampio.

Insomma, il valore delle attività delle pubbliche amministrazioni, seppur più basso, non dovrebbe essere troppo lontano da quello del debito (2136 miliardi a fine 2014, vedi capitolo 1). Ma l'incertezza su questo valore suggerisce che la sua vendita per ripagare il debito pubblico non sarebbe poi così facile. Prima di vedere più a fondo perché una vendita sarebbe difficile, occorre però chiederci: perché vendere?

Perché vendere? Vendere o valorizzare?

Un'obiezione comune a vendere le attività pubbliche per ridurre il debito è che una vendita non cambia la ricchezza netta dello stato (o di un'altra parte della pubblica amministrazione). Si riducono le passività e si riducono le attività: il netto non cambia. Perché farlo allora? In realtà, ci possono essere buoni motivi (a parte la motivazione più generale di chi ritiene che, comunque, una riduzione dello spazio del pubblico porti a una maggiore efficienza del sistema economico). Un primo motivo è che un debito pubblico elevato comporta che ogni mese lo stato deve essere in grado di vendere sul mercato titoli per rifinanziare il debito in scadenza. Questo costante fabbisogno di liquidità espone lo stato al rischio di crisi di cui abbiamo parlato nel capitolo 2. Purtroppo le attività del settore pubblico (per quanto ingenti) hanno tipicamente un basso grado di liquidità (pensate al patrimonio immobiliare). Queste attività possono essere vendute gradualmente in periodi buoni, ma in un momento di crisi non danno liquidità. Per ridurre il rischio è allora meglio ridurre gradualmente sia le attività sia le passività dello stato.

Ma c'è anche un secondo motivo. Le attività detenute dalle pubbliche amministrazioni hanno spesso un basso rendimento, anche in periodi in cui i tassi d'interesse che lo stato paga sul proprio debito sono elevati. Per esempio, è stato stimato (anche se, di nuovo, si tratta di stime molto incerte) che, qualche anno fa, quando i tassi d'interesse sul debito pubblico erano dell'ordine del 5-6 per cento, le attività delle pubbliche amministrazioni, in conseguenza di una cattiva gestione, rendevano in media meno dell'1 per cento e, per la parte immobiliare, solo lo 0,5 per cento (sono i dati del già citato studio di Reviglio). Quindi, vendendo attività a basso rendimento, lo stato potrebbe evitare di prendere a prestito a tassi elevati, con un risparmio netto.

Se è così, però, si potrebbe allora cercare di valorizzare le attività dello stato piuttosto che venderle, soprattutto se la vendita è difficile. È quanto sostenuto, fra gli altri, da Tito Boeri e Giuseppe Pisauro in una breve nota pubblicata nel mezzo della crisi dell'area dell'euro. Non era un'idea nuova. Nel 2002 venne creata una società (Patrimonio dello stato S.p.A.) con il compito di valorizzare le attività dello stato. Venne posta in liquidazione nel 2011. Evidentemente neanche valorizzare è così semplice.

Perché è così difficile vendere, o valorizzare, i gioielli della Corona?

Ci sono tre motivi (a parte quelli di chi si oppone politicamente alla vendita per non allargare il ruolo del privato nell'economia, la motivazione simmetrica a chi ritiene che occorra privatizzare per principio).

Primo, ci sono i soliti interessi di parte. Vendere vuol dire togliere potere a qualcuno che gestisce le proprietà pubbliche. Aumentare il rendimento delle proprietà pubbliche vuol dire far pagare a qualcuno un prezzo più elevato per l'uso di quelle attività. Pensiamo alle concessioni (per esempio sui litorali) che, secondo la stima di Edoardo Reviglio, rendono solo lo 0,5 per cento. Che ci siano interessi di parte è quindi indubbio.

Secondo, molte delle attività delle pubbliche amministrazioni non sono facilmente vendibili e quelle più vendibili hanno già un rendimento elevato. Abbiamo visto che le attività finanziarie dello stato ammontavano a fine 2014 a 669 miliardi. Ma se guardiamo più da vicino non se ne può ricavare molto:

- Le partecipazioni azionarie sono le più facilmente vendibili e quelle sono state, a partire dall'inizio degli anni novanta, la fonte principale delle entrate da privatizzazione dello stato (stimate in circa 120 miliardi di euro tra il 1993 e il 2005).[4] Non rimane ora molto: le azioni quotate e non quotate a fine 2014 venivano contabilizzate in circa 70 miliardi e si sta procedendo con qualche vendita ulteriore (le ultime operazioni essendo la parziale cessione di Poste italiane S.p.A. e l'avvio della vendita del 40 per cento di Ferrovie dello stato italiane). Questa cifra non comprende le circa diecimila e passa società e agenzie partecipate degli enti locali. Molte di queste sono però "scatole vuote". Il valore complessivo della quota di proprietà pubblica di queste partecipate non dovrebbe eccedere, anche in questo caso, qualche decina di miliardi.

- Ci sono poi 344 miliardi di "crediti", ma quasi un terzo di questi è verso altre parti della pubblica amministrazione, mentre la maggior parte del resto sono essenzialmente tasse che ancora devono essere pagate ma sono già state contabilizzate.
- Seguono circa 185 miliardi di "partecipazioni", ma si tratta quasi interamente di partecipazioni in organismi internazionali (il grosso essendo costituito dal contributo italiano ai meccanismi di sostegno ai paesi dell'euro in crisi, discussi nel capitolo 9), che certo non si possono vendere.
- Altri 62 miliardi erano "anticipazioni attive", la maggior parte delle quali è però nei confronti di altre parti della pubblica amministrazione.
- Il resto è poca roba (8 miliardi).

Anche per il patrimonio immobiliare occorre stare attenti. Secondo l'Istat vale oltre 360 miliardi (su 491 miliardi di ricchezza non finanziaria) e questa è una stima forse prudenziale, ma non tutto può essere facilmente venduto. Pensiamo alle caserme che devono essere bonificate prima di diventare vendibili. E poi nel totale ci sono anche gli edifici occupati dalle stesse pubbliche amministrazioni. Certo, c'è moltissimo spazio sprecato in quegli edifici, ma occorrono investimenti per razionalizzare gli spazi. Non fraintendetemi: bisogna efficientare l'uso degli spazi, ma non è che si possa fare tutto da un giorno all'altro.

Il terzo ostacolo a una vendita o valorizzazione delle attività pubbliche riguarda la complessità dell'operazione. Il patrimonio delle pubbliche amministrazioni non appartiene a un solo ente. Appartiene agli ottomila comuni, alle cento province, alle venti regioni, ai duecento enti pubblici centrali, a non so quanti enti pubblici locali. E non dimentichiamoci che anche lo stato è costituito da diverse parti, da diversi ministeri. È vero che l'Agenzia del demanio può coordinarne il lavoro per quanto riguarda gli immobili, ma non controlla tutto. Non può, per esempio, di sua iniziativa prendere decisioni che riguardano gli immobili in uso di un certo ministero (che deve essere coinvolto, convinto eccetera). Occorrerebbe una regia centralizzata molto forte per procedere rapidamente a uno smobilizzo delle attività dello stato. Occorrerebbero manager pubblici (e tanti) in grado di farlo. Senza contare l'effetto sui prezzi di mercato che tale smobilizzo potrebbe avere. Insomma, per dirla nel linguaggio che tanto piace ai manager privati, i problemi di *execution* di un piano di vendita del patrimonio pubblico sono davvero seri.

In conclusione, cosa si può fare?

Non vorrei avervi dato l'impressione di essere contrario alla vendita del patrimonio pubblico per rimborsare il debito pubblico. Tutt'altro (io venderei pure la Rai, o almeno un pezzo...). Occorre muoversi in questa direzione con maggiore energia che in passato anche perché in Italia, almeno finché non avremo un'amministrazione pubblica più efficiente, e finché non si faranno maggiori passi avanti nella lotta alla corruzione, temo che la gestione di certe attività da parte del settore pubblico non faccia molto bene all'economia. In generale, la proprietà pubblica di attività reali, soprattutto nel campo imprenditoriale, dovrebbe essere giustificata solo dalla presenza di quello che gli economisti chiamano "fallimento di mercato", l'incapacità del mercato di agire in modo da massimizzare il benessere comune. Altrimenti, il settore pubblico dovrebbe lasciare spazio a quello privato.

Occorre, però, essere realisti sull'ammontare delle risorse che potrebbero essere ricavate dalla vendita del patrimonio pubblico, o dalla sua valorizzazione, anche assumendo una piena determinazione politica in questa direzione. Un lavoro pubblicato dal centro studi Astrid, e firmato da alcuni dei maggiori esperti italiani del settore pubblico (tra cui Giuliano Amato, Franco Bassanini, Paolo Guerrieri, Rainer Masera, Marcello Messori, Stefano Micossi, Giuseppe Pennisi, Edoardo Reviglio e Maria Teresa Salvemini) concludeva che nel giro di un decennio si potrebbero ricavare risorse pari ad almeno 300 miliardi di euro (il 17-18 per cento del Pil). Una cifra rilevante, superiore a quanto ricavato in passato in un lasso di tempo corrispondente, nonostante le proprietà pubbliche fossero più estese. Ma, anche se si riuscisse a raggiungere queste cifre, cosa che credo sia non impossibile ma difficile, si tratterebbe comunque di poco più del 10 per cento del debito pubblico. Occorre provarci, ma non sarebbe credibile basare un programma di riduzione del debito principalmente su un piano di dismissioni.

Un commento finale: più volte, nel corso del mio lavoro al Fondo monetario internazionale, ho trovato paesi in difficoltà che tendevano a sovrastimare le possibili entrate da privatizzazioni (compresa, in tempi recenti, la Grecia, le cui vendite effettive sono state per ora piuttosto modeste). C'ho fatto il callo. Non mi impressiono più.

Post scriptum sulla gestione del debito

Dedico solo poche righe a quello che è il compito principale al giorno d'oggi del tesoriere dello stato. Quello di gestire non l'attivo, ma il passivo, cioè di decidere in che forma prendere a prestito, a breve o a lungo termine, in euro o in altre valute, con copertura o meno dei rischi sui tassi d'interesse e così via. Bastano poche righe perché non credo che una diversa gestione del debito possa cambiare drasticamente il peso del debito pubblico italiano. Chi gestisce il debito in Italia lo fa con professionalità ed esperienza e non credo siano possibili miglioramenti significativi. In generale, anche in questo campo il lavoro al Fondo monetario mi ha insegnato che cercare di ottenere grossi risparmi cambiando la composizione del debito si paga in termini di rischio cui si è esposti (tranne che in casi di palese incapacità dei gestori del debito). Di nuovo, meglio non cercare scorciatoie pericolose.

11.
Quinta soluzione: Austerità

> "L'austerità non funziona. Punto e basta."
>
> MARK BLYTH, *Austerity, The History of a Dangerous Idea*

> "In Spagna l'austerità ha funzionato, è stata dolorosa ma ha funzionato."
>
> JESÚS GRACIA ALDAZ, segretario di stato spagnolo

L'austerità non piace, soprattutto ora che i tassi d'interesse sono bassi. Rispetto alle soluzioni (apparentemente) più facili e indolori discusse nei capitoli precedenti, l'austerità appare invece dolorosa e incoerente con la necessità di crescere, dopo anni di recessione. Ma il termine "austerità" è generico. C'è chi lo usa per indicare tagli draconiani della spesa pubblica o aumenti di tasse, quindi forti riduzioni del deficit pubblico. C'è chi lo usa per indicare qualsiasi politica di riduzione del deficit. C'è chi lo usa per indicare l'assenza di manovre espansive. E c'è chi lo usa per criticare qualsiasi azione di politica fiscale che non piace. Insomma, si fa al solito confusione, anche volutamente, il che rende piuttosto complicato capire se l'austerità funziona o no. Se si usassero meno slogan...

Questo capitolo spiega perché un moderato grado di austerità è necessario in Italia per ridurre il debito pubblico. Ho detto "moderato": non servono forti tagli di spesa o aumenti di tasse, perché il deficit pubblico è già abbastanza basso. Occorre ridurlo ancora un po', ma in parte si ridurrà semplicemente con la ripresa economica. Quello che però serve sarà mantenere il deficit basso per parecchio tempo: anzi, più che basso, dovremo mantenere il bilancio più o meno in pareggio, in media almeno, per diversi anni. Questo, comunque, non dovrebbe penalizzare la crescita, anzi, potrebbe favorirla.

Per spiegare tutto questo, però, è necessario chiarire prima di tutto cosa si intende per taglio di spesa e aumento di tasse. Non è ovvio come potrebbe sembrare.

Cosa vuol dire aumentare le tasse o tagliare la spesa?

Sgombriamo innanzitutto il campo da una questione di presentazione. Quando nelle varie leggi di stabilità (essenzialmente il bilancio dello stato), nelle relative "manovre", e anche nei media, si parla di misure di taglio di spese o aumento di tasse, lo si fa rispetto a quello che accadrebbe "a legislazione vigente", cioè se il governo e il parlamento non modificassero le norme esistenti. Non è questo il concetto di taglio di spese o aumento di tasse (o viceversa) che a noi interessa se vogliamo vedere l'effetto di politiche restrittive o espansive sul Pil o sul deficit. Osserviamo perché.

Prendiamo il caso delle tasse. Spesso in Italia si decide di aumentarle con effetto ritardato. Per esempio, a fine 2014 il governo può decidere che le tasse aumenteranno non nel 2015 ma nel 2016. Saltiamo un anno in avanti. A fine 2015 il governo decide di cancellare questo aumento: c'è stato davvero un taglio di tasse? Sì, rispetto a quello che sarebbe successo se il governo non avesse cancellato l'aumento. Ma non è un taglio vero rispetto al livello di tasse del 2015 e quindi all'andamento del deficit nel tempo e in termini di effetto sulla crescita (si tratta di un mancato aumento, non di un vero taglio). Lo stesso problema si pone sul lato della spesa: gli aumenti sono misurati rispetto a quello che accadrebbe a legislazione vigente. E siccome alcune spese sono approvate non in modo permanente ma solo per un anno, viene presentato come aumento di spesa quello che, in realtà, è la conferma di una spesa al livello dell'anno precedente.[1] Nella legge di stabilità tutta la discussione è fatta rispetto alle cosiddette entrate e spese "tendenziali", e cioè proprio rispetto a quello che accadrebbe se non ci fossero nuove decisioni legislative. Questo ha senso da un punto di vista legale: il legislatore deve sapere cosa sta cambiando rispetto alla legislazione vigente. Ma, se vogliamo valutare l'impatto della politica fiscale sull'economia, questo confronto con la legislazione vigente è fuorviante (anche se talvolta si gioca su questa definizione di taglio di tasse o aumento di spesa per far apparire più attraente la manovra di bilancio). A cosa bisogna quindi guardare?

La prima cosa da capire è che le entrate (le tasse), e quindi il deficit, dipendono non solo dalle decisioni prese dal governo, ma anche dall'andamento del Pil. Se il Pil cresce, le entrate aumentano anche se non si cambiano le aliquote di tassazione. Un aumento delle entrate tributarie dovuto a una crescita del Pil non denota quindi una politica fiscale restrittiva: non è austerità. Lo stesso vale per alcune spese: se il Pil aumenta e la disoccupazione si riduce, le spese per i sussidi di disoccupazione scendono, ma non si tratta di una politica restrittiva. Come si fa allora a valutare le misure di austerità che possono influire, e forse far male, al Pil?

Per le entrate la cosa è abbastanza semplice: occorre concentrarsi su quello che influenza il gettito ma non dipende dall'andamento del Pil stesso. Il gettito delle tasse dipende da due cose: dalle aliquote di tassazione (per esempio il 22 per cento che, con qualche eccezione, paghiamo di Iva quando compriamo qualcosa) e dalla base a cui quelle aliquote si applicano (la cosiddetta base imponibile, i consumi nel caso dell'Iva o il proprio reddito nel caso dell'imposta sul reddito). Una restrizione fiscale (una misura di austerità) sul lato delle tasse vuol dire un aumento dell'aliquota rispetto all'anno precedente (oppure un cambiamento nella definizione della base imponibile). Un anno l'aliquota Iva è del 20 per cento, l'anno dopo è del 21 per cento: c'è un aumento di tasse. Ed è questo il significato appropriato quando si vuole valutare l'effetto di un aumento di tasse sull'andamento del deficit rispetto all'anno prima e sulla crescita: per esempio, aumentando le aliquote di tassazione riduciamo il deficit ma tagliamo potere d'acquisto alle famiglie che compreranno un po' meno di quello che avrebbero fatto e, nell'immediato, riduciamo la crescita.

Sul lato della spesa le cose sono un po' più complicate, ma concentratevi perché è un punto importante. Molte spese sono del tutto discrezionali. Lo stato non determina un'aliquota di spesa rispetto alla dimensione dell'economia (come nel caso delle tasse), ma determina direttamente quanto si spende per la sanità, la difesa, la pubblica istruzione. Gli economisti considerano perciò come "restrittiva" (come austerità) una decisione che porta la spesa a crescere meno del Pil potenziale dell'economia (abbiamo parlato molto di crescita potenziale nel capitolo 2). Se la capacità di crescita dell'economia è dell'1 per cento e la spesa pubblica cresce dello 0,5 per cento, c'è un effetto restrittivo, perché la spesa non si muove in linea con la dimensione potenziale dell'economia. Se la spesa cresce più dell'1 per cento c'è invece un effetto espansivo.

Questo significa che si può avere una riduzione della spesa rispetto al Pil, e quindi una riduzione del deficit rispetto al Pil, senza bisogno di misure di austerità. Prendiamo, per esempio, un anno in cui, partendo da una situazione nella quale l'economia non opera a piena capacità, il Pil cresce dell'1 e mezzo per cento, più del Pil potenziale (1 per cento nel nostro esempio). Se le spese crescono in linea col Pil potenziale, il rapporto tra spese e Pil scende e questo fa diminuire il deficit rispetto al Pil senza una vera misura di austerità. Il che è una buona notizia! Quando l'economia si riprende, possiamo ridurre il deficit rispetto al Pil senza dover tagliare la spesa rispetto all'anno prima: basta mantenere l'aumento della spesa in linea con il potenziale di crescita. Una ripresa economica significa che l'economia torna a crescere a un tasso più elevato della crescita potenziale, le entrate dello stato accelerano (in linea con il Pil) e, se si mantiene la crescita della spesa in linea con la crescita potenziale, il deficit si riduce senza bisogno di austerità.

Riassumiamo: implementare una politica restrittiva

(di “austerità”) rispetto alla crescita del Pil vuol dire aumentare la spesa pubblica meno della crescita potenziale dell’economia, oppure aumentare le aliquote di tassazione (o la definizione della base imponibile). È in questo modo che dovremo misurare quanta austerità è ancora necessaria in Italia. Prima di vederlo, affrontiamo un problema concettuale. C’è chi sostiene che stringere la politica fiscale alla fine non serve a ridurre il debito rispetto al Pil, cioè a raggiungere il nostro obiettivo. È vero?

Una politica fiscale restrittiva è utile a ridurre il peso del debito?

Chi sostiene che “l’austerità non serve, anzi è controproducente” lo fa sulla base del fatto che – lo abbiamo visto nel capitolo 3 – quando si stringe la politica fiscale (per esempio tagliando la spesa o aumentando le tasse; consentitemi di usare ancora questi termini vaghi; li abbiamo chiariti nella sezione precedente) il Pil, di solito, si riduce (rispetto a quello che sarebbe se non si stringesse la politica fiscale). Ma se il Pil si riduce, lo stato incassa meno tasse, il che attenua l’effetto sul deficit della stretta fiscale iniziale. Inoltre, dato che quello che ci interessa è come si muove il rapporto tra debito e Pil, se si riduce il Pil non è possibile che il rapporto tra debito e Pil aumenti quando si stringe la politica fiscale?

Chiariamo con un esempio. Prendiamo un paese che ha un debito pubblico di 1300 euro, un Pil di 1000 euro (il rapporto tra i due è quindi del 130 per cento, vicino a quello italiano) e, per semplicità di calcolo, un bilancio in pareggio e un Pil costante. Se non succede niente, il rapporto tra debito e Pil resta al 130 per cento, visto che il debito non cresce perché il bilancio è in pareggio e il Pil è costante per ipotesi. Supponiamo di tagliare la spesa permanentemente di 20 euro e che questo riduca il Pil di un pari ammontare (in questo caso, quello che gli economisti chiamano il moltiplicatore fiscale – cioè il rapporto tra variazione della spesa e conseguente variazione del Pil –

è di 1, in linea con molte stime empiriche). Ipotizziamo ora che l'aliquota media di tassazione del Pil sia del 40 per cento (un po' più bassa di quella italiana, ma arrotondiamo per semplicità). In questo caso, quando il Pil scende, le tasse calano di 8 euro (20 per 0,4). Il deficit quindi si riduce di 12 euro (20 di minori spese, meno 8 di minori entrate), ossia si passa da un deficit di zero a un surplus di 12 euro. Il miglioramento è quindi inferiore alla stretta fiscale iniziale, ma comunque si va nella direzione giusta.

Cosa succede, però, al rapporto tra debito e Pil? Visto il surplus di bilancio, il debito si ridurrà di 12 euro, scendendo a 1288 euro. Ma, rispetto al Pil, il debito aumenta a 131,4 per cento (1288 diviso per 980), più alto di prima. L'austerità è quindi controproducente?

Vediamo che succede l'anno dopo: il surplus resta a 12 euro e quindi il debito si riduce ulteriormente di 12 euro (a 1276 euro). Visto che non si stringe ulteriormente la politica fiscale, il Pil resta costante a 980 euro (ricordiamo che, nel breve periodo, la crescita del Pil dipende dalla variazione del deficit pubblico, non dal suo livello, come discusso nel capitolo 3). Il rapporto tra debito e Pil scende quindi al 130,2 per cento (1276 diviso 980). L'anno dopo, per lo stesso meccanismo, scenderà al 129,0 per cento e continuerà a scendere negli anni seguenti.[2] Inoltre nel tempo l'effetto della stretta fiscale sul Pil si attenua perché la domanda privata rimpiazza quella pubblica, a causa del minor assorbimento di credito da parte del settore pubblico (come ho descritto nel capitolo 3), il che contribuisce a un'ulteriore riduzione del debito rispetto al Pil. L'austerità funziona.

Tranne che in casi speciali. Le cose possono andare storto in due casi. Il primo è quello in cui i mercati finanziari si focalizzino troppo sugli andamenti di breve periodo e prendano male l'iniziale discesa del Pil e il conseguente aumento iniziale del rapporto tra debito e Pil. Se, in risposta a queste brutte (anche se temporanee) notizie, i tassi d'interesse sul debito cominciano a salire, allora il deficit stesso può ricominciare a crescere e si può cadere in una spirale da cui è difficile uscire. Ho illustrato questo caso in un lavoro scritto nel 2012 in cui si sosteneva che, empiricamente, ciò può accadere più facilmente quando la stretta fiscale iniziale è particolarmente forte, il Pil è in caduta rapida e i mercati sono particolarmente nervosi.[3] Non dovrebbe però essere un problema in condizioni più normali. L'altro caso è quello in cui la caduta iniziale del Pil abbia effetti duraturi sulla crescita stessa del Pil, per esempio perché gli investimenti cadono in modo permanente. Ma occorre un effetto duraturo sul tasso di crescita del Pil, non soltanto sul suo livello, il che, di nuovo, è difficile che accada in condizioni normali (torneremo su questi punti nel capitolo 13 discutendo la questione opposta: se cioè un'espansione fiscale possa ridurre il debito attraverso la crescita).

Quanta restrizione fiscale è necessaria per ridurre il debito pubblico italiano?

Questa è la domanda cruciale perché non si può sostenere o rigettare l'austerità in astratto. Dipende da quanta ne serve. Il partito antiausterità sostiene che questa condannerebbe l'Italia a decenni di bassa crescita. Alcuni sostengono anche che seguire le regole europee richiederebbe ogni anno "manovre" fiscali di importo elevatissimo e irrealistico. Ora, i lettori più coraggiosi potranno, se lo vorranno, avventurarsi nei meandri delle regole fiscali europee nel prossimo capitolo. Si vedrà che queste regole sono, in realtà, meno austere di quanto molti pensano. Ma lasciamole per ora da parte e chiediamoci quanta restrizione fiscale sarebbe necessaria se volessimo dare un chiaro segnale ai mercati che le cose stanno davvero cambiando.

Chiediamoci in particolare quanto serve per raggiungere il pareggio di bilancio per il complesso delle pubbliche amministrazioni. È abbastanza pareggiare il bilancio? Senza dubbio si tratterebbe di un segnale importantissimo, visto che è dagli anni settanta – ricordiamolo, del Diciannovesimo secolo – che il pareggio di bilancio non viene raggiunto, come abbiamo visto nel capitolo 1. Fra l'altro, abbiamo messo l'obbligo di raggiungere, e mantenere, il pareggio di bilancio nella nostra Costituzione (anche questo lo vedremo nel prossimo capitolo).

Quanto ci manca per raggiungere il pareggio di bilancio? La legge di stabilità per il 2016 prevede un obiettivo di deficit del 2,4 per cento del Pil per il complesso delle pubbliche amministrazioni. Nel piano di medio termine del governo, il pareggio di bilancio verrà raggiunto nel 2019, fra tre anni. Quanta restrizione fiscale serve per raggiungere questo pareggio di bilancio? Si potrebbe pensare che servano misure fiscali pari al 2,4 per cento del Pil. In realtà basta molto meno, circa lo 0,8 per cento del Pil. Vediamo perché.

Nei prossimi anni l'economia italiana dovrebbe continuare a crescere e questo farà aumentare le entrate dello stato anche senza alzare le aliquote di tassazione (o ampliare la base imponibile). Perché il bilancio pubblico possa beneficiare di quest'aumento delle entrate, è però necessario che le spese crescano meno del Pil effettivo. Le spese dovrebbero invece crescere in linea con il Pil potenziale (cioè in linea con le dimensioni normali dell'economia italiana). Abbiamo visto che questa è una politica fiscale neutrale, che non comporta quindi una restrizione economica che frena l'economia rispetto alla sua crescita potenziale. In un periodo di ripresa economica la crescita effettiva dovrebbe essere un po' più alta di quella potenziale. Nei piani del governo la crescita annua media del Pil reale (cioè al netto dell'inflazione) nel periodo 2017-2019 è dell'1,5 per cento, quella potenziale è stimata a circa lo 0,5 per cento.[4] La velocità "normale" delle spese dovrebbe quindi essere dello 0,5 per cento annuo al netto dell'inflazione (e del 2,2-2,3 per cento annuo in termini di euro, cioè inclusa l'inflazione). Se si facesse questo – non cambiare le aliquote di tassazione e aumentare le spese in linea con la crescita potenziale dell'economia, quindi senza una vera restrizione fiscale – il deficit scenderebbe comunque nei prossimi tre anni dal 2,4 allo 0,9 per cento del Pil.[5]

Dunque, il rimbalzo ciclico dell'economia italiana migliorerà il bilancio pubblico, sempre che non aumentiamo la spesa troppo rapidamente.

Ricapitoliamo: se nel periodo 2017-2019 non aumentiamo le tasse (o, più precisamente, le aliquote di tassazione e la base imponibile) e se facciamo crescere la spesa in termini reali dello 0,5 per cento per anno, in linea cioè con la crescita potenziale del Pil prevista per quel periodo, non imprimiamo nessuna spinta recessiva all'economia, e il deficit scenderà allo 0,8 per cento del Pil nel 2019. È questa la parte "strutturale" del deficit, quella che non va via a meno che non si prendano misure di austerità (in aggiunta al contenimento delle spese in linea con il Pil potenziale che però non è vera austerità). Tra il 2016 e il 2019, però, la spesa per interessi si dovrebbe ridurre dello 0,1 per cento del Pil (via via che giungono a scadenza titoli emessi in passato a tassi più alti di quelli attuali), per cui le misure richieste sono pari allo 0,8 per cento del Pil (0,9 meno 0,1).

Misure pari allo 0,8 per cento del Pil non sembrano certo impossibili da accumulare nell'arco di tre anni. Si tratta di una manovra di un po' meno dello 0,3 per cento del Pil ogni anno, ossia un po' meno di 5 miliardi annui, il cui effetto si cumulerebbe a 14 miliardi dopo tre anni.[6]

Come termine di confronto, nel 2012 la stretta fiscale realizzata dal governo Monti – che rifletteva in buona parte anche misure approvate dal precedente governo Berlusconi – fu molto più forte. Il bilancio primario migliorò, in termini strutturali, in un anno del 2,3 per cento del Pil. Fu una bella botta per il Pil, anche se necessaria per evitare guai anche peggiori. Ma la situazione ora è diversa, proprio grazie alla correzione fiscale già avvenuta negli anni passati. Il grado di restrizione fiscale necessario nella media dei prossimi tre anni è un decimo di quello che fu necessario nel 2012 (0,2-0,3 per cento annuo contro il 2,3 per cento nel 2012). Mi sembra fattibile.

Tagliare la spesa o aumentare le tasse?

Nello scenario presentato finora la spesa viene già contenuta, crescendo in linea con il Pil potenziale e meno del Pil effettivo. Restano da trovare, nel giro di tre anni, ulteriori risparmi primari, pari allo 0,8 per cento del Pil. Ho calcolato che, se queste misure consistessero interamente di tagli della spesa, in termini reali (cioè al netto dell'inflazione) questa resterebbe più o meno al livello del 2016 fino al 2019. Non sarebbero richiesti, quindi, tagli in termini di potere d'acquisto della spesa pubblica. Anche da questo punto di vista non sembra una politica draconiana, anche perché la popolazione italiana è più o meno stabile: la spesa reale pro capite sarebbe immutata, ciò vuol dire che in media i servizi forniti a ogni cittadino rimarrebbero invariati. Una volta raggiunto il pareggio di bilancio nel 2019, la spesa potrebbe poi tornare a crescere in linea con il Pil, accelerando rispetto al triennio virtuoso del 2017-2019.

Si potrebbe invece decidere di intervenire aumentando le tasse. Credo sia preferibile agire però sul lato della spesa (sarà una deformazione professionale...). Perché?

Nel decidere sul tipo di misure fiscali da prendere (se tagliare la spesa o aumentare le tasse, quali spese tagliare eccetera) due aspetti vanno considerati. Il primo riguarda gli effetti che certi tagli di spesa o aumenti di tasse possono avere sulla domanda e, quindi, sul Pil nel breve periodo. Non tutte le misure restrittive riducono la domanda in pari misura. Per esempio, se taglio gli acquisti di beni e servizi da parte della pubblica amministrazione c'è un impatto diretto e di pari ammontare sulla domanda e sulla produzione. Se taglio le pensioni d'oro, i pensionati d'oro ridurranno sì le loro spese, ma probabilmente ridurranno anche i propri risparmi e quindi i loro acquisti scenderanno meno del loro reddito. In linea di principio occorrerebbe perciò trovare misure che, nel loro complesso, minimizzino gli effetti sul Pil di breve periodo. C'è chi ha sostenuto, per esempio, che se nel 2011-2012 l'austerità fiscale si fosse realizzata soprattutto tagliando la spesa piuttosto che alzando le tasse, l'effetto sul Pil sarebbe stato molto più contenuto.[7] Sarebbe bello poter ridurre il deficit con un piccolo impatto sul Pil. La mia esperienza, però, è che gli economisti sanno ancora troppo poco sull'effetto differenziato sul Pil dei diversi strumenti fiscali. Non mi farei quindi influenzare eccessivamente da questi argomenti nella scelta degli strumenti di restrizione fiscale. In ogni caso, si tratta di effetti di breve periodo.

Il secondo tipo di considerazioni è invece più rilevante. Riguarda l'effetto che tagli di spesa e aumenti di tasse hanno sulla capacità di crescita nel medio periodo, cioè sulla crescita potenziale. Anche qui non ci sono risposte univoche ma, se ci sono spese che fanno poco bene all'economia, bisognerebbe tagliare quelle piuttosto che aumentare le tasse, soprattutto se queste ultime sono già alte e distorcono il funzionamento dell'economia. Che un paese si possa trovare in una situazione del genere è più probabile quanto più elevata è la spesa pubblica, quanto più inefficiente è la pubblica amministrazione e quanto più alte sono le tasse. Questo sembra essere il caso italiano. Non sono quindi tra coloro che ritengono, per principio, che sia meglio tagliare la spesa pubblica piuttosto che aumentare le tasse (per esempio, ho più volte sostenuto che negli Stati Uniti l'aggiustamento fiscale richiede anche aumenti di tasse). Ma, nel caso dell'economia italiana – in cui si realizzano le condizioni indicate (spese e tasse piuttosto alte e pubblica amministrazione non proprio efficiente), credo sia meglio puntare sul lato della spesa.

C'è infine un altro tipo di considerazioni sulla scelta degli strumenti per ridurre il deficit, e riguarda l'equità dell'aggiustamento. Occorre una distribuzione equa dell'aggiustamento fiscale, e questo implica anche un recupero dell'evasione fiscale. Oltre a questo (che è molto politicamente corretto ed è per me facile da dire), la realtà è che il peso da dare a considerazioni di equità nel definire gli strumenti di aggiustamento fiscale dipende da considerazioni politiche che spettano al governo. Di recente, il Fondo monetario ha sostenuto che una distribuzione più equa porta anche a maggiore crescita, e quindi a un reddito più elevato. Ma non tutti sono d'accordo. Ci vorrebbe un altro libro per trattare in modo adeguato l'argomento e, in ogni caso, sarebbe difficile dare giudizi completamente oggettivi. Questa è un'area in cui le considerazioni politiche tendono a predominare.

L'effetto di un bilancio in pareggio per la domanda aggregata

Volendo riassumere, portare il deficit dal 2,4 per cento a zero entro il 2019 non sembra particolarmente problematico per la crescita del Pil nel breve periodo: richiede di mantenere la spesa primaria costante in termini reali, cioè in termini di potere d'acquisto. Ma poi? Si tratterebbe di mantenere il bilancio in pareggio per parecchio tempo (vedremo fra poco per quanto). Che effetto avrebbe mantenere il bilancio in pareggio per la crescita del Pil? Cominciamo dagli effetti che operano attraverso la domanda aggregata. Come abbiamo visto, l'aumento della domanda aggregata dipende dall'aumento delle misure di restrizione da un anno all'altro, per cui, se il bilancio è in pareggio, non sarebbero necessarie nuove misure di restrizione, e non ci sarebbe alcun effetto sulla domanda aggregata e sulla crescita di breve periodo derivante dall'obbligo di tenere il bilancio in pareggio dopo il 2019.

Tutto bene dunque? C'è una complicazione. Mantenere il bilancio in pareggio ogni anno non consentirebbe nessuna flessibilità in risposta a shock che potrebbero arrivare dall'esterno. Anzi, ci imporrebbe di amplificarli: se l'economia rallenta (per esempio, per effetto di un calo dell'economia internazionale), le entrate dello stato scendono e, per mantenere il bilancio in pareggio, bisognerebbe tagliare le spese o aumentare le tasse, accentuando il rallentamento economico (attuando quella che gli economisti chiamano una politica "prociclica", cioè che accentua il ciclo economico piuttosto che attenuarlo). Ma c'è una soluzione: è necessario mantenere il bilancio in pareggio in media negli anni, non in ogni singolo anno. È per questo che, come vedremo nel prossimo capitolo, il pareggio di bilancio richiesto dalle regole europee e dalla Costituzione italiana è definito in termini strutturali, il che vuol dire al netto dell'effetto del ciclo economico: se le entrate si riducono perché l'Italia è in recessione non c'è bisogno di pareggiare il bilancio, si potrà andare in deficit per l'ammontare causato dalla minor crescita, purché questo sia compensato dal surplus negli anni in cui l'Italia cresce più rapidamente.

L'effetto di un bilancio in pareggio sulla crescita di lungo periodo

Occorre, però, anche chiedersi che effetti avrebbe il pareggio di bilancio sulla crescita potenziale stessa (e quindi nel lungo periodo).

Mantenendo il bilancio in pareggio, il debito scenderebbe rispetto al Pil e, almeno sulla base degli studi citati nel capitolo 3, questo dovrebbe portare a una maggiore crescita potenziale. Gli studi però ci dicono solo che fa bene alla crescita avere un debito più basso (bella scoperta, si potrebbe dire), ma non ci spiegano quale sarebbe l'effetto sul Pil potenziale dello sforzo necessario per ridurre il debito. È come dire che si sta meglio se non si è in sovrappeso, senza considerare però che per perdere peso ci si deve sottoporre a diete massacranti.

Ora, tenere il bilancio in pareggio per ridurre il debito comporta portare le tasse a un livello più alto (o la spesa a un livello più basso) di quello che sarebbe possibile se non dovessimo ridurre il debito, il che può far male alla crescita potenziale. Pensate all'ormai celebre fabbrica di automobili: se è molto tassata, potrà anche decidere di investire all'estero per espandere la propria capacità produttiva. Lo stesso vale sul fronte della spesa: se lo stato italiano non fornisce buone infrastrutture, la nostra impresa può decidere di investire all'estero. Avevamo già parlato di questi effetti proprio per spiegare perché il debito fa male alla crescita: obbliga a tenere, per esempio, le tasse alte per pagare gli interessi. Ma ridurre il debito richiede di portare, per un po' di tempo, le tasse a un livello ancora più alto, o la spesa a un livello ancora più basso, di quello che sarebbe necessario per tenere il debito costante rispetto al Pil. Ci conviene? Alcuni economisti del Fondo monetario internazionale (Jonathan D. Ostry, Atish R. Ghosh e Raphael Espinoza) di recente si sono posti questa domanda in un lavoro intitolato *When Should Public Debt Be Reduced?* (https://www.imf.org/external/pubs/ft/sdn/2015/sdn1510.pdf), concludendo che paesi con un debito non troppo alto – tale cioè da non generare rischi di crisi finanziarie – potrebbero preferire un debito più elevato per evitare i costi in termini di crescita potenziale associati al processo di aggiustamento.

Ridurre il debito pubblico italiano è comunque appropriato per tre motivi:

- Primo, al contrario del caso presentato dai tre economisti del Fondo, il nostro debito ci espone a rischi di crisi finanziarie, come sperimentato di recente.
- Secondo, ridurre il debito (lo abbiamo visto nel capitolo 3) aiuta la crescita potenziale anche perché contribuisce a tenere bassi i tassi d'interesse reali, facilitando gli investimenti.
- Terzo, se si riesce a mantenere il bilancio in pareggio eliminando sprechi, o comunque spese che non fanno molto bene all'economia, allora la crescita potenziale non potrà che beneficiare della riduzione del debito, anche durante il lungo periodo di aggiustamento.

Guardiamo qualche numero per avere un'idea di quello che comporterebbe un bilancio in pareggio. Nello scenario precedente, coerente con i piani del governo per il periodo 2017-2019, è previsto che il surplus primario raggiunga il 4 per cento del Pil nel 2019. Dovrebbe poi restare su quei livelli nei dieci anni seguenti, scendendo poi gradualmente verso il 3 per cento. Un surplus dell'ordine del 4 per cento del Pil, o superiore, mantenuto per un periodo di almeno dieci anni, è effettivamente piuttosto raro, ma ci sono dei precedenti. Alcuni miei ex colleghi del dipartimento di Finanza pubblica del Fondo monetario internazionale hanno studiato i principali casi di forte riduzione del debito pubblico rispetto al Pil osservati nel dopoguerra in un campione di cinquantacinque paesi avanzati ed emergenti. Hanno trovato che, su un totale di ventitré casi di forte riduzione del debito, in otto il surplus primario era stato uguale o superiore al 4 per cento per almeno dieci anni.[8] Quindi ci sono precedenti, anche se non tantissimi.

Ma come si confronta un surplus primario del 4 per cento rispetto a quello programmato dagli altri paesi dell'area dell'euro? Quanto saremo svantaggiati per il fatto di dover mantenere le tasse a un livello più alto o la spesa primaria a un livello più basso? Se prendiamo i piani di finanza pubblica presentati dai membri dell'Ue alla Commissione europea troviamo che i principali paesi (Germania, Regno Unito, Spagna) intendono raggiungere un surplus primario di almeno il 2 per cento del Pil entro il 2019 (la Francia sta più indietro, ma dovrebbe anch'essa tendere gradualmente verso questo livello), visto che anche i nostri partner europei hanno l'obiettivo di ridurre il debito pubblico. Con un surplus primario del 4 per cento ci troveremmo quindi circa un paio di punti percentuali sopra agli altri. Una differenza che può sembrare elevata in termini assoluti, ma non è poi così grande se la riportiamo alla dimensione della nostra spesa pubblica primaria, attualmente intorno al 45 per cento del Pil. In altri termini, mantenere nel tempo un 2 per cento del Pil di risparmi in più degli altri, quando possiamo attingere da una massa di spesa del 45 per cento del Pil, non sembra particolarmente penalizzante per l'economia italiana, soprattutto se, come già detto, riusciremo a tagliare la spesa meno produttiva.

Teniamo anche conto del fatto che rispetto agli altri paesi abbiamo un vantaggio: abbiamo già attuato la riforma del sistema pensionistico e il nostro debito pensionistico è tra i più bassi fra i paesi avanzati, come abbiamo visto nel capitolo 1. In altri termini, nel mantenere nei prossimi decenni un surplus primario elevato saremo favoriti da una riduzione della spesa pensionistica rispetto al Pil, spesa che invece aumenterà negli altri paesi.

C'è anche un altro elemento: abbiamo visto nel capitolo 3 che, nella media delle esperienze degli altri paesi, una riduzione del debito pubblico rispetto al Pil dovrebbe favorire la crescita nel lungo periodo. Questo dovrebbe non solo ridurre nel tempo il surplus necessario per abbassare il debito, ma anche rendere politicamente più facile il mantenimento di un surplus primario elevato. Infine, via via che scende il debito, scenderà anche il peso degli interessi e quindi sarà possibile anche ridurre gradualmente il surplus primario, pur mantenendo il bilancio in pareggio. Se poi una riduzione del debito è accompagnata da una maggiore credibilità e una discesa dei tassi d'interesse reali sul debito, allora il surplus primario potrà diminuire ancora più rapidamente. È questo il circolo virtuoso che dovremmo cercare di mettere in moto.

Quanto tempo ci vorrà?

Quanto tempo ci vorrà perché, mantenendo il bilancio in pareggio, si possa avere una consistente riduzione del rapporto tra debito e Pil? Dipende da quanto cresciamo. Con il bilancio in pareggio, il debito rimane costante in termini nominali. Il rapporto tra debito e Pil scenderà quindi perché aumenta il Pil nominale, compresa la crescita dovuta all'inflazione. Negli ultimi anni di crisi economica il Pil nominale è rimasto più o meno costante.[9] Ma è stato un periodo di grave crisi per l'economia mondiale ed europea. Nei sette anni tra il 2001 e il 2007, invece, il Pil nominale italiano è cresciuto in media del 3,8 per cento. In questo periodo la nostra inflazione era un po' troppo alta, facendoci perdere competitività, e non dovrà più accadere, per cui la crescita del Pil nominale dovrà in futuro essere un po' più bassa. Ma mantenere nei prossimi due decenni un tasso di crescita nominale intorno al 3 per cento annuo (diciamo un punto e mezzo di inflazione e un punto e mezzo di crescita reale) non sembra impossibile, soprattutto in un contesto di riforme. Se così fosse, quanto rapidamente scenderebbe il rapporto tra debito e Pil?

Abbiamo visto che, secondo le ultime proiezioni del ministero dell'Economia e delle finanze, il pareggio di bilancio è previsto nel 2019. A quella data il debito sarebbe comunque già sceso dal 133 per cento del Pil a fine 2015 al 120 per cento del Pil, anche per effetto di alcune privatizzazioni. Nel periodo seguente, mantenendo il bilancio in pareggio, il debito calerebbe all'89 per cento del Pil nel 2029 e al 66 per cento del Pil nel 2039. Certo, la discesa sarebbe lenta, ma potrebbe essere accelerata dalla vendita di patrimonio pubblico discussa nel capitolo precedente. Inoltre, è fondamentale ricordare che i costi economici di un elevato debito (in termini di rischio di crisi e di minor crescita potenziale) sarebbero attenuati dal fatto che il debito sarebbe in discesa stabile (abbiamo visto nei capitoli iniziali che quello che importa non è solo il livello del debito, ma anche la sua tendenza nel tempo: se scende, i costi e i rischi legati a un certo livello di debito sono più bassi).

La patrimoniale

Vista la lunghezza del periodo di aggiustamento (che richiede una notevole persistenza di intenti), non sarebbe comunque meglio un intervento più immediato? Concludo questo capitolo con una forma particolare di aggiustamento fiscale di tipo, appunto, più immediato: una patrimoniale, cioè una massiccia tassa una tantum sulla ricchezza. La proposta più recente è legata al nome di Giuliano Amato che, nel dicembre del 2010, suggerì di ridurre il debito pubblico di un terzo attraverso una tassa una tantum pagata da chi deteneva ricchezza reale e finanziaria. Per un po' se ne è parlato (con diverse varianti), anche se oggi la proposta sembra essere passata di moda. Salvatore Tutino, esperto di finanza pubblica, ha illustrato in una breve nota come potrebbe funzionare.[10]

La ricchezza delle famiglie italiane ammontava (a fine

2008) a oltre 9000 miliardi di euro (cinque volte il debito pubblico dell'epoca), di cui più della metà era costituita da titoli del debito pubblico. La ricchezza era abbastanza concentrata (la metà più povera delle famiglie deteneva solo il 10 per cento di questo patrimonio, mentre il 10 per cento più ricco ne deteneva il 44 per cento, secondo Tutino). Una tassa del 16 per cento sulla ricchezza del 10 per cento delle famiglie più ricche poteva rendere circa 650 miliardi, un terzo del debito pubblico dell'epoca.

È strano che, talvolta, questa tassa sia vista come una completa alternativa a forme di aggiustamento fiscale più tradizionale: in prima approssimazione, una patrimoniale avrebbe effetti restrittivi di breve periodo per l'economia come qualunque altra forma di tassazione, visto che anche questa tassa avrebbe effetti sulla domanda di chi viene tassato. Ci sono però alcune differenze che i sostenitori di una patrimoniale sottolineano. Primo, la patrimoniale colpisce la ricchezza e quindi chi si può permettere un sacrificio. Secondo, per lo stesso motivo colpisce meno la domanda: i "ricchi" non rinunceranno al proprio stile di vita se perdono una parte – comunque una frazione – della loro ricchezza. Terzo, una patrimoniale, se percepita come una tantum, non distorce i comportamenti economici, al contrario di quanto succederebbe con tasse sul reddito prolungate nel tempo (che, per esempio, influenzerebbero la decisione di investire in Italia o all'estero). Questa è una cosa che piace molto agli esperti di tassazione. Cosa fatta capo ha. Un ultimo vantaggio: l'effetto di una patrimoniale sarebbe immediato, mentre le altre misure dovrebbero essere mantenute nel tempo e quindi richiederebbero una persistenza di intenti di cui potremmo non essere capaci.

Ci sono però anche controindicazioni. L'effetto sulla liquidità di chi deve pagare la tassa non è indifferente. Io potrò pure avere una bella casa di proprietà, ma se l'aliquota di tassazione della ricchezza è elevata, potrei avere problemi a pagare visto che non posso vendere un pezzo della casa. E dobbiamo riconoscere che una patrimoniale ricadrebbe in buona parte proprio sulla proprietà immobiliare, visto che le case rappresentano la metà circa della ricchezza delle famiglie. E dopo i tira e molla degli ultimi anni sulla tassazione degli immobili, mi sa che riaprire il discorso sarebbe un po' difficile. Infine, alcuni dei vantaggi di una patrimoniale emergerebbero solo se fosse davvero percepita come una tantum. Ma come si farebbe a convincere chi paga che sarebbe davvero una tantum?

Tutto sommato, non credo si debba escludere a priori che una tassa sulla ricchezza possa contribuire all'aggiustamento fiscale (ed è certo meglio di un ripudio del debito che, come si è visto, è una tassa su una forma particolare di ricchezza, i titoli di stato). Ma sarei prudente: vantaggi e svantaggi vanno attentamente valutati rispetto ad altre possibili forme di aggiustamento fiscale.

12. Le regole fiscali dell'Europa e della Costituzione italiana

"L'austerità non è parte dei trattati europei. La democrazia e il principio di sovranità popolare lo sono."

ALEXIS TSIPRAS

È colpa dei tedeschi – lo pensano in tanti, economisti e non – se l'Europa ci impone regole di bilancio ferree, troppo austere. Il trattato di Maastricht e il Fiscal Compact sono stati scritti da una mano nordica che non capisce che rigide regole non consentono alla politica fiscale di essere usata in modo flessibile e intelligente avendo presente, come obiettivo primario, il benessere del paese e non un'austerità fine a se stessa.

Questo capitolo spiega invece che le regole di bilancio (le chiameremo "regole fiscali" nel gergo degli economisti) esistono in molti paesi, hanno una chiara giustificazione economica e sono particolarmente necessarie in un'area in cui la moneta è unica ma le politiche fiscali sono decentrate nei singoli stati membri. Il capitolo vi descrive anche le (complicatissime) regole fiscali europee, spiegando cosa comportino per un paese come l'Italia che ha un debito pubblico molto elevato (anche qui c'è tanta confusione). Infine, guarderemo alla principale regola fiscale introdotta, a grande maggioranza, nella Costituzione italiana a fine 2011: l'obbligo di pareggio di bilancio.

Perché avere delle regole fiscali?

Non consideriamo per il momento l'Unione europea. Pensiamo a un singolo paese con la sua moneta e la sua politica fiscale. Perché uno stato dovrebbe autoimporsi delle regole fiscali? Perché, per esempio, il governo laburista di Tony Blair, andato al potere a metà degli anni novanta nel Regno Unito, si autoimpose delle regole fiscali, regole cioè che vincolavano la propria discrezionalità nel decidere che deficit e che debito pubblico avere in un certo anno? E perché tanti paesi lo fanno?

Lo fanno per aumentare la propria credibilità nella gestione della politica fiscale: seguire certe regole rende la politica fiscale più prevedibile e riduce il rischio che sia utilizzata per raggiungere obiettivi contingenti, elettorali, invece che perseguire obiettivi di lungo termine e assicurare la capacità dello stato di ripagare i propri creditori. Se un governo ha credibilità fiscale, riesce a prendere a prestito più facilmente sui mercati finanziari, paga tassi d'interesse più bassi e, in questo modo, avvantaggia l'intera economia del proprio paese.

Se non esistesse questo problema di credibilità, sarebbe ottimale avere una discrezionalità massima nell'esercizio della politica fiscale. Per esempio, supponiamo che un governo preveda che, nel prossimo anno, ci sarà una recessione. Per sostenere l'economia, il governo potrebbe pianificare un aumento della spesa pubblica. I mercati non dovrebbero preoccuparsi perché si tratterebbe di un aumento reversibile quando le condizioni economiche saranno migliorate. Ma come si fa a sapere se, invece, la vera motivazione del governo nell'aumentare la spesa è, per esempio, che il prossimo anno ci saranno elezioni? E supponiamo che non si vada alle urne: come facciamo a sapere se l'aumento della spesa il prossimo anno sarà davvero compensato da una riduzione della spesa quando la congiuntura economica sarà migliorata?

È per ovviare a questo problema di credibilità che molti governi e parlamenti introducono delle regole per ancorare, e rendere così più prevedibile, la propria politica fiscale. Il governo Blair ne introdusse addirittura due (forse per sfatare il mito che i laburisti, in quanto "di sinistra", non avessero interesse per la solidità delle finanze pubbliche): l'obbligo di pareggiare il bilancio al netto della spesa per investimenti nella media di un ciclo economico (cioè nella media tra una recessione e una espansione) e un tetto al debito pubblico (il 40 per cento del Pil, altro che Germania!). La Svizzera ha regole fiscali sia per il governo federale sia per i cantoni. Tanti paesi dell'America latina hanno regole fiscali e così via. Altri stati – l'Australia, la Nuova Zelanda – preferiscono rafforzare la propria credibilità senza regole fiscali formali ma pubblicando piani fiscali per i successivi tre o quattro anni, piani che, comunque, sono considerati vincolanti per il governo in carica.

Naturalmente, adottare una regola fiscale non garantisce la credibilità. Una regola fiscale viene introdotta per legge e quindi può essere anche cambiata per legge. È un po' più difficile se si tratta di una norma costituzionale, ma anche la Costituzione può essere cambiata. E, se non ci sono chiare conseguenze legali, la regola può essere ignorata. Spesso le regole sono poi da interpretare e i governi non mancano certo di fantasia nell'interpretarle nel modo che fa loro comodo. Potrà forse stupire, ma la Costituzione tedesca ha previsto per decenni un obbligo di equilibrio per il bilancio federale per la parte corrente (cioè al netto degli investimenti), obbligo che è stato ripetutamente violato senza conseguenze. Quindi, le regole fiscali non sono una panacea, ma creano comunque un ostacolo istituzionale che i governi e i parlamenti devono superare se vogliono perseguire politiche fiscali più rischiose.[1]

Perché le regole fiscali sono più importanti in un'unione monetaria?

Quasi tutte le aree economiche a moneta unica hanno regole fiscali per i suoi membri. Il caso più ovvio è quello delle regole che esistono all'interno di uno stato (che, in fondo, è un'area a moneta unica) per le autorità politiche subnazionali. In quasi tutti i paesi esistono, per esempio, vincoli al deficit che un comune o una provincia possono avere. Negli stati federali, come gli Usa, la Germania, il Canada, esistono regole fiscali per gli stati, i *Länder*, le province. Non dobbiamo quindi stupirci se esistono regole fiscali all'interno dell'area dell'euro, anzi se quelle regole fiscali stanno alla base del trattato di Maastricht che dà origine all'"eurozona".

L'importanza di avere regole fiscali all'interno di un'area a moneta unica, composta da stati diversi, è spiegata dal fatto che la tentazione di un membro dell'area di condurre una politica fiscale irresponsabile è molto più elevata di quello che accade per paesi con una moneta propria, essenzialmente perché chi si comporta male potrebbe non pagarne le conseguenze. Vediamo perché.

Torniamo al caso di un paese con la propria moneta. Se il deficit aumenta troppo, il paese ne paga direttamente le conseguenze: i tassi d'interesse sul debito pubblico aumentano prima o poi, e questo potrebbe non piacere all'elettorato. Se la banca centrale di quel paese finanzia il deficit stampando moneta, a un certo punto l'inflazione sale e, di nuovo, questo potrebbe non essere apprezzato dagli elettori. Tutto ciò riduce il rischio di politiche fiscali poco prudenti.

Ma in un'unione monetaria, i freni inibitori si indeboliscono. Se un membro dell'unione aumenta il proprio deficit, i mercati potrebbero non penalizzare quel membro, aspettandosi che, in caso di problemi, gli altri membri dell'unione intervengano a soccorrerlo. Nel caso dell'Unione europea, il trattato di Maastricht lo proibiva, ma alla fine il soccorso c'è stato. Perciò, prudenzialmente, oltre a questa proibizione sono state introdotte regole fiscali (sebbene anche queste non sempre abbiano funzionato, ma questa è un'altra storia, e la vedremo tra breve).

Il problema generale è che, quando un paese è parte di un'unione monetaria, le sue azioni possono danneggiare anche gli altri membri. I costi dei cattivi comportamenti sono distribuiti su tutta l'unione monetaria invece che essere sopportati solo dal paese "irresponsabile". Ciò, però, crea una tendenza per tutti i paesi ad avere un deficit superiore a quello che avrebbero se non facessero parte dell'unione monetaria. E se tutti i paesi hanno un deficit più alto dell'ottimale, questo causa un aumento generalizzato dei tassi d'interesse oppure mette pressione sulla banca centrale comune ad avere politiche monetarie troppo espansive, creando inflazione. Da qui la necessità di regole fiscali se si vuole avere una moneta comune che sia protetta dal rischio di inflazione. Quindi è del tutto normale che l'area dell'euro abbia regole fiscali.

Quali sono le principali regole fiscali nell'area dell'euro?

Le regole fiscali europee sono complicatissime. Il documento della Commissione europea che le spiega è il *Vade mecum on the Stability and Growth Pact* (Stability and Growth Pact è il nome del trattato che stabilisce le regole fiscali all'interno dell'area).[2] Il termine "vade mecum" suggerisce un documento snello, da portare con sé, appunto. Il *Vade mecum* europeo è invece un documento di centoquindici pagine, ed essendo stato pubblicato nel 2013 non comprende neppure alcuni importanti elementi di chiarimento (sulla "flessibilità" permessa dal Patto) introdotti a gennaio 2015.

Le regole sono complesse per due motivi. Primo, per cercare di riconciliare l'esigenza di disciplina fiscale nel medio termine con quella di avere una flessibilità nel breve periodo. Secondo, perché quando non ci si fida completamente dei propri partner – e temo purtroppo sia questa la situazione in Europa al momento –, si tende a codificare tutto nei minimi dettagli. Fatto sta che solo i più esperti riescono a capire bene le regole fiscali europee. Nel seguito cercherò di riassumerle mettendo a fuoco quello che è essenziale.

Due regole principali esistono fin dalla creazione dell'area dell'euro. La prima è che il deficit pubblico non deve superare il 3 per cento del Pil in ogni anno. La seconda è che il debito non deve superare il 60 per cento del Pil e, se lo eccede, il debito deve scendere a una velocità "soddisfacente". Perché questi numeri? Niente di particolarmente scientifico ma un debito pubblico del 60 per cento (anche sulla base dell'evidenza empirica discussa nei capitoli 2 e

3) sembrerebbe non comportare, per paesi avanzati, rischi particolari. In ogni caso, e forse questo era il fatto cruciale, il 60 per cento del Pil era più o meno il livello di debito che avevano al momento del trattato di Maastricht, all'inizio degli anni novanta, i paesi "virtuosi", come la Germania. E il 3 per cento del Pil (vi risparmio la matematica) è il deficit che, se mantenuto nel tempo, è coerente con un debito del 60 per cento del Pil, se il Pil cresce del 5 per cento all'anno (all'epoca si era piuttosto ottimisti su quello che poteva essere la crescita del Pil in Europa: un 3 per cento reale più un 2 per cento d'inflazione).

Delle due regole però era soltanto quella del deficit che contava davvero perché, fino agli ultimi anni, non si era mai chiarito cosa volesse dire che il debito sarebbe dovuto scendere a velocità "soddisfacente" nei tanti paesi, tra cui l'Italia, dove il debito superava il 60 per cento. La regola era di fatto ignorata.

La regola del deficit era presa più seriamente. La violazione di tale regola comportava l'inizio di una "procedura di deficit eccessivo" che, in teoria, poteva determinare l'applicazione di sanzioni se il paese in questione non riportava il deficit sotto il 3 per cento in tempi ragionevoli. Ma le violazioni della regola erano state frequenti: tra il 1999 e il 2007 ci furono trentaquattro violazioni e mai nessuna di queste portò a sanzioni. Di fatto, il tempo che veniva dato ai paesi per correggere il deficit eccessivo era tale che alla fine tutti i paesi riuscivano a rientrare. In alcuni casi – quelli più clamorosi furono la Germania e la Francia nel 2003 – non si iniziò neppure la procedura di deficit eccessivo per volontà dell'organo politico dell'Unione, il Consiglio europeo, cui viene demandata la decisione finale sull'inizio delle procedure di deficit eccessivo. Anzi, a seguito di questo episodio, si decise nel 2005 di ammorbidire le regole stesse, cosa che viene talvolta ricordata ai tedeschi quando si lamentano troppo del non rispetto delle regole europee. Insomma, non vi fu proprio un'applicazione ferrea delle regole nel periodo precedente la crisi dell'area dell'euro nel 2011-2012.

Con la crisi, in cambio della disponibilità a soccorrere

i paesi in difficoltà e anche nella consapevolezza che occorreva rendere più seria l'applicazione delle regole, vennero introdotte importanti revisioni alle regole fiscali. Le principali erano tre. Primo, si chiariva cosa si intendesse per discesa del rapporto tra debito e Pil a una velocità soddisfacente (lo vedremo tra poco in riferimento all'Italia) in modo tale da rendere applicabile la regola del debito. Secondo, si decise di cambiare (anche se in modo non drammatico) il processo decisionale richiesto per iniziare la procedura di deficit eccessivo, aumentandone gli elementi di automaticità rispetto alle decisioni politiche. Terzo, si introdussero regole – il cosiddetto braccio preventivo del trattato – per definire il comportamento dei deficit, anche quando il deficit stesso era al di sotto del 3 per cento. L'obiettivo era fare in modo che il 3 per cento diventasse davvero un tetto e non la norma: spostare il deficit sufficientemente sotto il 3 per cento – verso il cosiddetto "obiettivo di medio periodo" – avrebbe anche consentito di lasciar salire il deficit in presenza di una recessione e di una caduta delle entrate, evitando quindi quello sfondamento in massa che era stato causato dalla crisi mondiale del 2008-2009.

Si introdussero però anche diversi elementi di flessibilità. Prima di tutto, molte delle regole europee, con l'eccezione del tetto del 3 per cento, sono ora calcolate rispetto a un deficit corretto per l'effetto del ciclo economico (quello che abbiamo chiamato il deficit strutturale), per cui, in caso di recessione, il deficit può effettivamente essere un po' più alto.[3] Inoltre, si concedono margini di flessibilità ai paesi che sono in una situazione economica difficile (in particolare quando il Pil è lontano dal Pil potenziale) e a quelli che fanno riforme e investimenti (l'ormai celebre "flessibilità" tanto discussa nei primi mesi del 2016, di cui l'Italia ha chiesto di beneficiare).

Le regole europee applicate al caso italiano

L'Italia, con un deficit al di sotto del 3 per cento, rispetta la regola, cosa che, invece, Francia e Spagna ancora non fanno. Due sono i vincoli più stringenti per il nostro paese. Il primo è che il deficit strutturale (abbiamo visto com'è definito) deve gradualmente azzerarsi (raggiungendo il pareggio di bilancio, l'obiettivo di medio termine fissato per noi alla luce del nostro elevato debito pubblico). In linea di principio, nel convergere verso questo obiettivo, il deficit strutturale si dovrebbe ridurre di almeno mezzo punto percentuale di Pil l'anno, ma l'Italia beneficia dei margini di flessibilità cui mi sono riferito in precedenza (perché il Pil è ancora ben al di sotto del potenziale, perché sta facendo riforme e investimenti e anche per le spese straordinarie relative ai migranti), per cui il deficit strutturale addirittura si prevede che aumenti nel 2016 di oltre mezzo punto percentuale, dallo 0,3 allo 0,9 per cento del Pil (invece di ridursi di pari ammontare). Uno 0,9 per cento non è comunque troppo lontano dall'obiettivo di pareggio di bilancio. Mentre scrivo questo libro, però, la Commissione europea non ha ancora chiarito se la legge di stabilità per il 2016 sia effettivamente in linea con le norme europee.

La seconda regola è quella del debito che deve scendere a una velocità sufficiente. Questa regola, spesso travisata, dice che, se un paese ha un debito al di sopra del 60 per cento del Pil, deve ridurlo ogni anno per un ventesimo dell'eccedenza del debito rispetto al 60 per cento. Cosa deve fare l'Italia per rispettare questa regola?[4] L'Italia ha un debito del 133 per cento del Pil, 73 punti sopra il 60 per cento. Quindi il primo anno, partendo da questo livello, deve ridurre il rapporto tra debito e Pil di 3,65 punti percentuali (73 diviso venti dà 3,65) e cioè dal 133 al 129,35 per cento (il che non è previsto nei piani del governo ma questo non viola la regola del debito per via dei margini di flessibilità cui ho appena fatto riferimento). Il secondo anno, l'eccesso del debito rispetto al 60 per cento sarà sceso a 69,35 (129,35 meno 60), il che comporta la necessità di ridurlo di 3,47 punti (un ventesimo di 69,35), meno dei 3,65 punti del primo anno. Via via che passa il tempo, la riduzione richiesta è sempre più bassa. Perciò, rispettare la regola del debito richiederà di avere un debito tra vent'anni (nel 2035) non del 60 per cento ma dell'86 per cento del Pil. Si converge al 60 per cento solo tendenzialmente, all'infinito.

Due aspetti della regola non sono spesso capiti. Primo, molti pensano che ogni anno si debba ridurre il debito per un ammontare pari a un ventesimo della differenza tra il debito iniziale e il 60 per cento (cioè di 3,65 punti ogni anno). Questa interpretazione, seppur sbagliata, è comprensibile: dire che il debito si doveva ridurre ogni anno di un ventesimo della differenza iniziale comportava di convergere al 60 per cento in vent'anni. Ma, che sia stato voluto o che sia stato un errore, la regola del debito non è scritta in questo modo, il che è strano, ma ci favorisce (anche se ci favorisce di più in futuro che nell'immediato, perché inizialmente la riduzione richiesta del rapporto tra debito e Pil è comunque alta).

Il secondo errore è ancora più grave. Alcuni pensano che, visto che il rapporto tra debito e Pil si deve ridurre di diversi punti percentuali ogni anno (di 3,65 punti nel primo anno nell'esempio precedente), nei prossimi vent'anni occorrerà avere ogni anno "manovre", cioè tagli di spesa o aumenti di tasse, pari a oltre 3 punti percentuali di Pil (cioè oltre 50 miliardi di euro) all'anno. Lo sosteneva per esempio Beppe Grillo intervistato da Mentana il 23 marzo 2014 (ma non è certo stato il solo), alla vigilia delle elezioni europee. Ma non è così. Prima di tutto, non bisogna confondere il deficit con il debito. Una manovra di 50 miliardi ogni anno vorrebbe dire ridurre il deficit di 50 miliardi ogni anno, non il debito: dopo pochi anni avremmo un surplus gigantesco, il debito crollerebbe a precipizio e saremmo morti nel frattempo! Secondo, non è neppure vero che il debito deve ridursi di 50 miliardi ogni anno. È il rapporto tra debito e Pil che si deve ridurre: il debito può restare anche invariato (cosa che accade se il bilancio è in pareggio) se il Pil nominale cresce.

Facendo un calcolo simile a quello fatto nel capitolo precedente, se il Pil aumenta a un tasso annuo nominale del 3 per cento, un bilancio in pareggio a partire dal 2019 comporta che nel 2035 il debito sarà sceso al 75 per cento del Pil. Questo è più basso di quanto previsto dalla regola del debito (86 per cento del Pil): il che vuol dire che, mantenendo il bilancio in pareggio, abbiamo anche un po' di margine nel caso ci siano sorprese (per esempio nel caso in cui la crescita sia inferiore al 3 per cento).

Le regole fiscali nella nostra Costituzione

L'articolo della Costituzione che si occupa di regole fiscali è l'articolo 81. Nella sua versione originale questo articolo conteneva solo una norma che poteva essere considerata come regola fiscale (anche a essere generosi con le definizioni). L'articolo diceva che le leggi che comportavano nuove spese dovevano indicarne "i mezzi per farvi fronte". Questo però non significava che ogni spesa dovesse essere compensata da un taglio di un'altra spesa o da un aumento delle tasse. Nell'interpretazione corrente, i "mezzi per farvi fronte" comprendevano anche un aumento dei prestiti contratti dallo stato e cioè un finanziamento in deficit. Non esisteva quindi una vera regola fiscale a livello costituzionale.

Tutto questo è cambiato con la riforma dell'articolo 81 votata nell'aprile del 2012 da Pd, Pdl, Udc e Fli (quindi dai due terzi del parlamento), con l'astensione (non il voto contrario) della Lega Nord. Solo l'IdV ha votato contro. Il nuovo testo dice:

> Lo Stato assicura l'equilibrio tra le entrate e le spese del proprio bilancio, tenendo conto delle fasi avverse e delle fasi favorevoli del ciclo economico. Il ricorso all'indebitamento è consentito solo al fine di considerare gli effetti del ciclo economico e, previa autorizzazione delle Camere adottata a maggioranza assoluta dei rispettivi componenti, al verificarsi di eventi eccezionali. Ogni legge che importi nuovi o maggiori oneri provvede ai mezzi per farvi fronte.

La riforma introduce quindi l'obbligo di pareggio di bilancio in termini strutturali, visto che si può ricorrere all'indebitamento solo "al fine di considerare gli effetti del ciclo economico", a meno che non si verifichino eventi eccezionali, ma questa eventualità deve essere approvata a maggioranza assoluta dalle Camere.

Quindi abbiamo recepito in Costituzione la regola europea dell'obiettivo di medio termine assegnato all'Italia (il pareggio strutturale). Come ho detto in precedenza, non c'è nulla di sacro nel bilancio in pareggio. Avere introdotto questo principio in Costituzione è servito a segnalare un chiaro distacco dal passato (ma alle parole, per quanto costituzionali, devono seguire i fatti). Non c'è, però, un motivo economico per tenere il bilancio in pareggio per sempre (il rapporto tra debito e Pil tenderebbe a zero con la crescita del Pil e non si capisce perché dovrebbe farlo). Prima o poi si dovrà cambiare questa regola. Ma non credo debba essere questa la preoccupazione al momento, cioè quando abbiamo un debito ancora del 133 per cento del Pil!

Da quando è stata approvata la riforma, il bilancio non è però mai stato in pareggio strutturale: ogni anno le Camere hanno detto che esistevano "circostanze eccezionali" che consentivano di evitare il pareggio di bilancio. Credo sia stato finora necessario, visti gli effetti prolungati di una crisi economica davvero eccezionale, ma non vorrei che questo diventasse un escamotage permanente per rendere irrilevante l'obbligo di pareggio di bilancio.

Un ultimo punto da sottolineare rispetto all'articolo 81: come ho già detto, l'obbligo di bilancio è definito al netto del ciclo economico, quindi in termini strutturali. Il che significa che quando saremo in fase di recessione potremo comunque avere un deficit, ma quando saremo in espansione dovremo avere un surplus.[5] Questo vuol dire, nel gergo degli economisti, lasciare operare gli "stabilizzatori automatici" ovvero non essere obbligati a tagliare spese o aumentare le tasse quando l'economia rallenta. Insomma, è come volare con il pilota automatico: se l'economia rallenta scendono le entrate, si va in deficit, e questo va bene, non si deve fare niente. L'unica cosa che è vietata (proprio perché voliamo col pilota automatico) è una espansione discrezionale della spesa (ricordiamoci che "espansione" vuol dire aumentare la spesa a un tasso superiore a quello del Pil potenziale, non vuol dire che non potremo aumentare la spesa) o un taglio discrezionale delle aliquote di tassazione. In questo senso, politiche keynesiane di sostegno alla domanda non saranno possibili, a meno di non cadere in una forte recessione tale da qualificarsi come evento eccezionale (o a meno di voler puntare, come condizione normale, a un surplus strutturale che potrebbe essere azzerato discrezionalmente in caso di bisogno). È uno svantaggio ma, col debito pubblico che abbiamo, potremmo davvero espandere la politica fiscale in modo discrezionale in caso di recessione? È il debito che ci impedisce di seguire Keynes, non quanto sta scritto nella Costituzione.

13.
Sesta soluzione: L'effetto della crescita economica sul debito

> "Dipinte in queste rive
> Son dell'umana gente
> Le magnifiche sorti e progressive."
>
> GIACOMO LEOPARDI, *La Ginestra*

Questo è un capitolo buonista in cui si parla delle "magnifiche sorti e progressive" che ci aspettano se riusciamo ad aumentare la crescita del Pil. E chi mai può essere contrario alla crescita economica? Ma ho iniziato con Leopardi proprio per smorzare gli entusiasmi. Il capitolo racconta sì quanto sia importante la crescita per ridurre il peso del debito pubblico (ribaltando la prospettiva preoccupante del capitolo 3 in cui si parlava dell'effetto negativo del debito sulla crescita: basta invertire il senso di marcia!). Ma questo capitolo vi spiega anche che è sbagliato credere che sia facile aumentare la crescita, che per ridurre il debito ci si possa muovere nella direzione opposta, aumentando la spesa pubblica o tagliando le tasse (visto che queste azioni stimolano la crescita), o che la crescita possa supplire a un grado di moderata austerità fiscale, quale quella descritta nel capitolo 11.

Non è così. La crescita serve a ridurre il peso del debito pubblico perché più Pil vuol dire non solo che il rapporto tra debito e Pil scende visto che il denominatore del rapporto sale, ma, soprattutto, perché, se si risparmiano le entrate che derivano da una maggiore crescita, il numeratore del rapporto – il debito stesso – aumenta meno rapidamente, o scende. Il "se si risparmiano le entrate", però, è un inciso molto importante, come vedremo: se quando la crescita economica porta maggiori entrate si aumentano le spese, allora il rapporto tra debito e Pil scende sì, ma a passo di lumaca. Occorre quindi abbinare crescita e disciplina fiscale. Bisogna anche non sottostimare le difficoltà che si devono affrontare per aumentare la crescita. Un po' di prudenza può risultare utile.

L'austerità rovesciata

Che una maggior crescita possa aiutare a ridurre il peso del debito pubblico è cosa nota. La questione è: cosa si può fare per crescere di più?

Un primo modo per crescere di più, dicono alcuni, è abbandonare l'austerità, anzi sostenere la crescita proprio attraverso una espansione fiscale, un aumento della spesa o una riduzione delle tasse. Insomma, politiche "keynesiane". C'è chi enfatizza di più l'aumento della spesa: di solito un aumento della spesa per investimenti pubblici è preferito a un aumento della spesa corrente, anche se spesso si sostiene che è necessario accrescere anche altre spese pubbliche, oltre gli investimenti. C'è chi ritiene invece sia meglio tagliare le tasse, per mettere più soldi nelle tasche dei consumatori e stimolare la domanda. Il deficit pubblico aumenterà, ma ci penserà poi la maggior crescita a finanziare il maggior deficit iniziale: anzi, alla fine il peso del debito pubblico scenderà in rapporto al Pil.

Ci sono versioni più o meno sofisticate di questa storia. Quella più semplice (aumentiamo la domanda accrescendo il deficit, perché l'austerità è controproducente) si scontra con la semplice aritmetica del rapporto tra debito e Pil che abbiamo discusso nel capitolo 11 quando abbiamo spiegato che una stretta fiscale non è controproducente, salvo casi particolari: una riduzione del deficit che fa calare la domanda aggregata e il Pil fa crescere il rapporto tra debito e Pil solo nel breve periodo, poi il rapporto comincia a scendere. Allo stesso modo, una crescita del deficit può far scendere il peso del debito nel breve periodo, ma alla fine porta a un aumento del rapporto tra debito e Pil, purtroppo.

Ci sono però versioni più sofisticate – quelle presentate da economisti americani come Brad Delong, Larry Summers e il premio Nobel Paul Krugman. In queste versioni, l'idea fondamentale è che un aumento (purché temporaneo) della spesa pubblica porta non solo a una crescita della domanda e del Pil di breve periodo, ma a un aumento del Pil potenziale e quindi del livello del Pil in tutti gli anni a venire, nel qual caso un aumento temporaneo degli investimenti potrebbe autofinanziarsi, o più che autofinanziarsi, portando a una riduzione del debito rispetto al Pil. Queste versioni più sofisticate sono logicamente coerenti, ma si basano su un'ipotesi: che i mercati finanziari credano che le entrate da maggior crescita saranno in gran parte risparmiate e che l'aumento di spesa sia temporaneo. Ma se i mercati finanziari hanno dubbi in proposito, i tassi d'interesse sul debito pubblico cresceranno quando la spesa pubblica e il deficit aumenteranno, e allora il meccanismo descritto non funziona più: deficit e debito aumentano anche nel lungo periodo. Per alcuni paesi, come gli Stati Uniti, sarà forse vero che un aumento temporaneo della spesa pubblica possa autofinanziarsi perché negli Usa i tassi d'interesse non sembrano risentire molto del livello del debito, per una serie di motivi. Ma i rischi sarebbero troppo elevati per l'Italia.

Lasciamo quindi da parte la speranza che, nel nostro caso, si possa ridurre il debito pubblico aumentando la spesa o tagliando le tasse. Ci sono altri modi per aumentare la crescita?

Le mitiche riforme strutturali

Di che crescita abbiamo bisogno per risolvere il problema del debito pubblico? Torniamo all'esempio della fabbrica che produce automobili. La fabbrica Italia attualmente non produce tante automobili quante potrebbe perché non c'è abbastanza domanda: gli italiani non hanno abbastanza soldi in tasca e, se ne hanno, preferiscono risparmiarli perché il futuro resta incerto anche se le cose sono migliorate dall'inizio del 2015. In un linguaggio più tecnico: il Pil effettivo è più basso del Pil potenziale. Di quanto? Le stime sono dell'ordine del 3-4 per cento. Se l'Italia fosse una fabbrica che ha una capacità produttiva di mille automobili, ne starebbe producendo solo 960-970. È una differenza significativa e avvicinando il Pil al suo potenziale possiamo aumentare le entrate dello stato e ridurre il deficit. Ma una volta arrivati alle mille automobili, continuare a crescere richiede una crescita del Pil potenziale. La nostra crescita potenziale è al momento stimata, lo abbiamo visto, intorno allo 0,5 per cento nel periodo 2017-2019, anche se è prevista crescere verso l'1 per cento più in là nel tempo. Ma se riuscissimo a salire al di sopra dell'1 per cento (ricordate che gli scenari di riduzione del debito discussi nel capitolo 11 prevedevano una crescita reale di almeno l'1 e mezzo per cento) sarebbe tutta un'altra cosa. Ma come farlo?

Be', se la domanda e le vendite salgono a mille macchine, allora l'impresa potrà decidere di investire in nuovi impianti, accrescendo la capacità produttiva. Ma non è detto che l'impresa decida di investire in Italia. Potrebbe espandere i propri impianti all'estero e importare le macchine in Italia. Quello che davvero serve è convincere l'impresa che l'Italia fornisce un ambiente favorevole all'attività imprenditoriale, in modo da attirare gli investimenti. Ma la crescita della nostra capacità produttiva non dipende solo da essi. Dipende anche da quante persone siano disponibili a lavorare nella fabbrica Italia e quanto a lungo siano disposte a lavorare piuttosto che starsene a casa, ossia da quanto rapidamente cresce la forza lavoro. Dipende anche dal progresso tecnologico che determina quanto produttivi siano il capitale e il lavoro impiegati dalla fabbrica. Come indurre, allora, gli imprenditori a investire di più in Italia, come indurre chi è in età da lavoro a lavorare di più (sempre che ci siano posti disponibili) e come stimolare e facilitare il progresso tecnico? La risposta è che occorrono le riforme strutturali.

Il magico termine di "riforme strutturali' viene usato proprio per indicare tutte quelle riforme che influenzano il Pil potenziale in termini di livello o di tasso di crescita. L'elenco sarebbe lungo, e non tutti sono d'accordo su quali riforme servano a far crescere l'economia.[1] Negli elenchi più standard – quelli delle organizzazioni internazionali come il Fondo monetario internazionale, la Commissione europea, o l'Ocse – troviamo cose come:

- Un mercato del lavoro flessibile con minori costi all'assunzione ma anche al licenziamento in modo da favorire lo spostamento di personale da settori con meno potenziale di crescita a settori con più potenziale di crescita. E con aumenti salariali più correlati alla crescita della produttività. La riforma del lavoro approvata a inizio 2015 va in questa direzione.[2]
- Una semplificazione dei processi burocratici – compresa l'amministrazione della giustizia – per rendere più semplice investire o comunque gestire un'impresa in Italia. Il nostro paese sta molto indietro negli indicatori del Doing Business elaborati dalla Banca mondiale che misurano, appunto, la facilità di fare impresa in ogni paese. Quest'anno siamo al quarantaseiesimo posto nel mondo. Anche se su tali indicatori ci sarebbe parecchio da ridire, questo risultato ci dà comunque un'idea di quanto possa essere complicato gestire un'impresa in Italia.
- Una minore tassazione sul lavoro e sulle imprese, in modo da favorire un aumento dell'occupazione e dell'investimento.
- Una maggiore concorrenza nei mercati dei beni e dei servizi, perché più concorrenza vuol dire maggiore stimolo all'efficienza economica.
- Un miglioramento nell'efficienza della pubblica amministrazione, perché l'efficienza delle imprese dipende anche dalla qualità dei servizi pubblici che esse ricevono.
- Una scuola e un'università più moderne, in modo da accrescere il capitale umano.

E così via. Occorrerebbe un altro libro per discutere questi argomenti in modo approfondito, ma non c'è dubbio che se fosse possibile aumentare attraverso le riforme strutturali il Pil potenziale e, soprattutto, il suo tasso di crescita, avremmo trovato uno strumento potentissimo per abbattere il debito pubblico.

Non gioite troppo. Nelle pagine seguenti vedremo sì quanto forte possa essere l'effetto di un aumento della crescita potenziale sul rapporto tra debito e Pil, ma vedremo anche gli ostacoli che in pratica devono essere superati per aumentare la crescita.

Gli effetti di un aumento della crescita potenziale sul debito pubblico

L'effetto di uno stabile aumento del tasso di crescita del Pil sul debito pubblico è potenzialmente enorme. Prendiamo un paese che abbia un rapporto debito pubblico e Pil, guarda caso, del 130 per cento e un livello di tassazione del 43 per cento (è vicino alla pressione fiscale sul Pil in Italia). Assumiamo anche, per semplicità, che il deficit e la crescita siano inizialmente tali da mantenere invariato nel tempo al 130 per cento il rapporto tra debito e Pil (potete calcolare che questo richiede un deficit del 3,8 per cento del Pil, se la crescita del Pil nominale è del 3 per cento l'anno). Che succede se il tasso di crescita del Pil aumenta dell'1 per cento (cioè dal 3 al 4 per cento) per effetto di riforme strutturali?

Consideriamo due scenari. Nel primo, tutte le entrate da maggiore crescita vengono risparmiate. In questo caso (lo potete verificare con un semplice foglio di calcolo Excel), il rapporto tra debito e Pil scenderà dopo dieci anni al 101 per cento e dopo quindici anni al 72 per cento (quasi 60 punti percentuali più in basso del punto di partenza). Questo avviene per effetto di due forze: la prima è la riduzione del deficit dovuta alle maggiori entrate (anzi, dopo qualche anno, il deficit diventa un surplus), che erode il debito (il numeratore del rapporto tra debito e Pil); la seconda è l'aumento del denominatore del rapporto, il Pil stesso.

Nel secondo scenario azzeriamo la prima di queste forze, assumendo che tutte le maggiori entrate siano spese. In questo caso il rapporto tra debito e Pil scende comunque, perché la seconda forza (l'aumento del denominatore) continua a operare, ma scende molto meno: dopo dieci anni il rapporto è ancora del 119 per cento e dopo quindici anni è del 114 per cento, solo 16 punti più in basso.

Questi scenari ci dicono due cose. Primo, che se l'Italia riesce a crescere di più, può davvero fare passi avanti enormi nella riduzione del peso del debito pubblico. Secondo – teniamolo ben presente perché i fautori della crescita come soluzione al debito pubblico tendono a dimenticarlo –, che gran parte dell'effetto si materializza se le entrate da maggiore crescita vengono risparmiate: se invece si aumenta la spesa al crescere delle entrate (e la tentazione può essere forte), allora il peso del debito scende in modo molto più lento. Naturalmente, col passar del tempo diventa irrealistico ipotizzare che tutte le entrate da maggiore crescita siano risparmiate: se così si facesse, il bilancio pubblico accumulerebbe surplus sempre più elevati. Ma l'idea è che quanto più si riesce a risparmiare delle maggiori entrate, tanto più rapidamente cala il debito.

Tutto questo ci spiega qualcosa che abbiamo osservato nella storia economica di diversi paesi. E cioè che periodi di forte riduzione del rapporto tra debito e Pil sono spesso stati periodi non solo di grande crescita, ma anche di un marcato rafforzamento del bilancio pubblico. Lo storico Niall Ferguson, nel già citato *The Cash Nexus* (alle pagine 121-123), ci dice che il Regno Unito al termine delle Guerre napoleoniche aveva un debito pubblico del 260 per cento del Pil. Riuscì ad abbatterlo nel secolo successivo (a un minimo del 27 per cento del Pil prima della Grande guerra) attraverso una forte crescita, ma tra il 1816 e il 1899 il bilancio registrò deficit superiori all'1 per cento solo in quattro anni, con surplus primari (cioè al netto degli interessi) in media del 4,6 per cento (e picchi dell'11 per cento). Lo stesso vale per la riduzione del debito pubblico in quel paese dopo la Seconda guerra mondiale, quando il bilancio complessivo restò in surplus dal 1948 al 1972 (con una riduzione del debito pubblico dal 240 per cento al 62 per cento del Pil).[3]

È questa una prima difficoltà nell'uso delle riforme strutturali e della crescita per ridurre il debito pubblico: bisogna essere disposti a risparmiare le entrate che ne derivano, il che vuol dire essere prudenti nel gestire la spesa pubblica. Ma ci sono anche altre difficoltà.

Quali riforme, con quali effetti collaterali e con che tempi?

Occorre prima di tutto essere d'accordo su quali riforme strutturali servano ad aumentare la crescita potenziale. Alcune cose sono abbastanza ovvie. Ci sono misure di efficientamento (per esempio della pubblica amministrazione) che non possono che giovare al funzionamento di un'economia: se ci vogliono anni per aprire una nuova impresa, invece che pochi giorni, chiaramente l'attività economica risulta penalizzata. Il problema vero riguarda invece quelle riforme che vanno a toccare il modo in cui funziona l'economia. Parlo, per esempio, delle riforme del mercato del lavoro, o le riforme della concorrenza nei mercati dei beni e dei servizi. Qui c'è meno accordo e, soprattutto, le riforme possono avere effetti collaterali su cose cui la gente tiene molto, quali la distribuzione del reddito.

L'opinione della maggior parte degli economisti (anche se non di tutti) è che, almeno in linea di principio, un'economia di mercato funziona meglio e, quindi, porta a un livello più elevato di reddito e di crescita se aumentano gli incentivi economici e la concorrenza. La motivazione del profitto e del miglioramento della propria posizione reddituale è quella che spinge a investire di più, a innovare di più, a lavorare di più. Queste motivazioni possono però esprimersi appieno solo in un sistema in cui la competizione è possibile, in cui si riducono le rendite di posizione, ossia i vantaggi che alcuni hanno in conseguenza di regolamentazioni e leggi. Questa è – con qualche semplificazione – la ricetta base che viene dalle organizzazioni internazionali sulle riforme che servono ad aumentare la crescita (abbiamo fatto qualche esempio nelle pagine precedenti). Il paradigma è quello dell'economia statunitense, che ha dimostrato negli ultimi decenni una forte capacità di crescere e di adattarsi a nuove condizioni esterne (la globalizzazione, la rivoluzione informatica) e che ha superato più facilmente dell'Europa la crisi del 2008-2009.

Da qui la raccomandazione di rendere più flessibile il mercato del lavoro. Da qui la raccomandazione di rendere più concorrenziali i mercati dei beni e dei servizi (comprese le "professioni"), eliminando quelle regolamentazioni a favore di certe corporazioni o gruppi di potere. Da qui anche la raccomandazione di ridurre, entro certi limiti, le imposte, perché una maggiore tassazione riduce il vantaggio che deriva al singolo dalla propria attività economica.

Io penso che, fondamentalmente, questo sia l'approccio giusto, se si crede nei vantaggi di un'economia di mercato (un'economia di mercato vera, non una che protegge i gruppi economici forti). Questo non vuol dire il far west economico. Gli economisti riconoscono che esistono diversi casi di "fallimenti del mercato" (legati, per esempio, alle cosiddette "esternalità", ovvero al fatto che l'azione individuale possa danneggiare gli altri; l'esempio tipico è l'inquinamento) in cui è necessaria un'appropriata regolamentazione o tassazione. Ma l'intervento dello stato in campo economico deve essere limitato a queste situazioni (e alla protezione dei diritti di base per la tutela della persona).

Bisogna però essere onesti. Riforme che vanno in questa direzione causano grossi cambiamenti economici e non tutti ci guadagnano. È chiaro che una riforma del mercato del lavoro che renda più facile licenziare potrà anche far bene alla crescita dell'economia nel suo complesso, ma indebolisce, almeno nell'immediato, il potere contrattuale di chi ha già un impiego, cambiando potenzialmente gli equilibri tra capitale e lavoro. Inoltre, non si può dare per scontato che riforme strutturali che vadano nel senso descritto lascino invariata la distribuzione del reddito. Alla fine, magari, il reddito sarà più alto forse per tutti ma, almeno inizialmente, qualcuno potrà perderci. C'è anche chi fa notare che le economie del Nord Europa funzionano benissimo, anche se lo stato svolge un ruolo molto più significativo che negli Stati Uniti. Come risultato di questi aspetti controversi ci si può aspettare che le riforme strutturali non siano facilmente realizzabili: occorrerà tempo (anche se la riforma del mercato del lavoro alla fine è stata approvata in Italia).

Bisogna anche riconoscere che non sappiamo molto su quanto tempo serva perché le riforme abbiano effetto sul Pil. Diversi studi, però, suggeriscono che l'impatto delle riforme strutturali sul Pil sia piccolo, nullo o persino negativo nel breve periodo e che sia necessario aspettare qualche anno (due o tre o anche più) prima che effetti positivi sostanziali si manifestino. Le cose possono variare da paese a paese e da riforma a riforma ma, in media, questo è quel che ci dicono gli studi in proposito.[4]

Infine, non esistono chiare analisi quantitative del perché la crescita italiana abbia rallentato così tanto negli ultimi quindici anni (abbiamo visto che prima almeno il reddito pro capite era cresciuto in linea con quello europeo), nonostante, bene o male, riforme strutturali nella direzione indicata dalle organizzazioni internazionali siano state realizzate. È possibile che la spiegazione sia che anche gli altri paesi hanno realizzato riforme strutturali e che, quindi, ci siamo trovati a inseguire un bersaglio mobile (ma questo spiega al massimo perché non è aumentata la nostra competitività, non però perché non è aumentata la nostra produttività). O che, comunque, le riforme effettuate siano state insufficienti a consentire all'Italia di sfruttare appieno i vantaggi delle nuove tecnologie, per esempio la rivoluzione informatica. Un po' di prudenza è necessaria. Potrebbe anche essere che, finché non risolviamo altri problemi – per esempio la bassa crescita della popolazione –, anche la nostra crescita potenziale non si rialzerà di molto: e questo persino in termini di crescita pro capite, se pensiamo che una popolazione che invecchia abbia minori stimoli alla crescita.

In conclusione, anche se credo sia necessario riformare l'economia italiana nel senso indicato, sarebbe sbagliato pensare che sia facile aumentare rapidamente la crescita e, quindi, basare piani di rientro del debito su ipotesi troppo ottimistiche dell'effetto delle riforme. Bisogna essere prudenti, e se poi le cose andranno meglio saremo tutti più contenti.

Se non vi fosse bastata la dose di realismo che vi ho somministrato nelle pagine precedenti, concludo questo capitolo con un ulteriore elemento di incertezza sulle prospettive di crescita, con riferimento, questa volta, all'economia mondiale. E se il mondo nel suo complesso cresce poco, anche l'economia italiana avrà più difficoltà a crescere.

La "stagnazione secolare"

Nel periodo seguente la crisi del 2008-2009, l'economia mondiale è cresciuta poco. Dopo una recessione, soprattutto una forte come quella del 2008-2009, un'economia tende a rimbalzare e a crescere per un po' più rapidamente, recuperando il terreno perduto. Questa volta invece, a parte l'anno immediatamente successivo alla crisi, il 2010, il tasso di crescita del Pil reale mondiale è stato basso, di poco superiore al 3 per cento annuo nel periodo 2011-2015. Certo, rispetto ai tassi di crescita dell'economia italiana si tratta di una performance eccellente, ma l'economia mondiale era cresciuta a un tasso annuo del 4 e mezzo per cento nel periodo 2000-2007. Non solo: la crescita è stata bassa nonostante politiche monetarie ultraespansive, mai osservate in passato, con tassi d'interesse in molti casi persino negativi (il che vuol dire che se oggi prendi in prestito 100, domani devi restituire 99).

Un primo motivo per questa bassa crescita è la natura della crisi del 2008-2009. Crisi che partono dal settore finanziario hanno di solito effetti più duraturi sulla crescita perché sono spesso dovute a un accumulo eccessivo di debito (delle famiglie, delle imprese e dello stato) e per smaltire questa sbornia – ossia per riportare il debito a livelli più normali – occorre tempo. Intanto si risparmia e, se si risparmia, non si domandano beni e servizi, e l'economia cresce poco. Questo processo di correzione nei bilanci delle famiglie e delle imprese può durare anni, il che, già di per sé, ci potrebbe rendere meno ottimisti sulle prospettive di crescita mondiale.

Ma c'è anche chi pensa che la bassa crescita possa essere dovuta ad altri fattori ancora più persistenti. Molti parlano di "stagnazione secolare". Secondo il già citato Larry Summers, noto economista ed ex segretario del Tesoro (ossia ministro delle Finanze) americano, il problema fondamentale dietro la bassa crescita è la mancanza strutturale di domanda, dovuta non solo all'eccesso di debito ma anche a minori necessità di investire nei settori in espansione. Come nota anche Ignazio Visco, il governatore della Banca d'Italia, nel suo libro *Perché i tempi stanno cambiando* (pubblicato dal Mulino nel 2015) "avviare una start up nel campo dell'economia digitale generalmente comporta un investimento monetario contenuto e quindi, nell'aggregato, un calo degli investimenti".

Altri, come l'economista americano Bob Gordon, attribuiscono la possibile stagnazione secolare alla minore crescita della produttività, dovuta al minor progresso tecnologico, a parte il settore informatico la cui espansione, per qualche motivo, non sembra ancora aver avuto un impatto sulla crescita della produttività, nonostante le promesse dei fautori della "seconda età delle macchine" (dal titolo del recente bestseller di Erik Brynjolfsson e Andrew McAfee, Feltrinelli, 2015). Il Fondo monetario internazionale si è pure occupato della questione del calo della crescita potenziale nel suo "World Economic Outlook" dell'aprile 2015 imputandolo sia all'invecchiamento della popolazione mondiale, compresa quella dei paesi emergenti, sia alla minore crescita della produttività nei paesi emergenti, via via che colmano il gap tecnologico con quelli avanzati.

Ma la spiegazione di una possibile stagnazione secolare che più mi preoccupa è quella focalizzata sugli effetti che i cambiamenti nella distribuzione del reddito osservati negli ultimi tre decenni avrebbero sulla domanda aggregata. La distribuzione del reddito nella maggior parte dei paesi si è spostata, dai primi anni ottanta, a favore delle classi più abbienti, invertendo la tendenza dei decenni precedenti. Negli Stati Uniti, per esempio, dall'inizio del Ventesimo secolo fino agli anni ottanta la distribuzione del reddito era diventata sempre più equilibrata. La tendenza è poi cambiata in modo radicale e, attualmente, la distribuzione del reddito è tornata a essere simile a quella dell'inizio del secolo scorso. In trent'anni si è disfatto quello che si era creato negli ottant'anni precedenti. Al momento, l'1 per cento più ricco della popolazione americana percepisce il 20 per cento del Pil totale (contro l'8 per cento all'inizio degli anni ottanta). Tendenze simili, seppur non così accentuate, si sono manifestate anche in Europa. Il celebre libro *Il Capitale nel XXI Secolo* di Thomas Piketty (Bompiani, 2014) le ha illustrate nel dettaglio.

Questa redistribuzione del reddito a favore dei ricchi potrà piacere o meno in termini di equità. Ma non è questo il punto. Il problema in termini di crescita è che se viene tolto troppo potere d'acquisto alla classe media, non c'è sufficiente domanda, visto che, per quanto scialacquino, i pochi ricchi non possono sopperire al minor consumo della stragrande maggioranza della popolazione. Per sopperire a questa mancanza di domanda nel decennio scorso sono state adottate politiche monetarie molto espansive. In altri termini, la famiglia media americana avrà avuto meno reddito ma ha potuto indebitarsi a tassi d'interesse bassi per alimentare i consumi. Il libro *House of Debt*, scritto da Atif Mian e Amir Sufi (University of Chicago Press, 2014), vi racconta bene questa storia, notando fra l'altro che il rapporto tra il debito delle famiglie americane e il loro reddito è cresciuto dal 150 per cento nel 2000 al 210 per cento nel 2008. Il problema è che un aumento del debito porta anche a una maggiore esposizione al rischio: se, per qualunque motivo, i tassi d'interesse cominciano a salire, le famiglie si trovano immediatamente in difficoltà. Il che può causare crisi finanziarie come quella del 2008-2009. Se questa è la storia, allora l'accumulazione del debito che abbiamo visto nello scorso decennio non è dovuta a un caso, ma è l'inevitabile conseguenza del tentativo di sopperire alla mancanza di domanda attraverso politiche monetarie e fiscali espansive. Questa è l'interpretazione data alla crisi da parte di Raghuram Rajan, ex capo economista del Fondo monetario internazionale e attualmente governatore della Banca centrale indiana, nel libro *Fault Lines* (Princeton University Press, 2010).[5]

Si può sopperire alla mancanza di domanda anche attraverso politiche fiscali espansive. Questo, però, porta all'accumulo di debito pubblico e, in questo caso, il sistema economico resta esposto al rischio di crisi di fiducia nella possibilità che lo stato possa ripagare i propri debiti, uno dei temi di questo libro. Insomma, se non si ritornasse a una distribuzione del reddito più equilibrata, non ci resterebbe che scegliere tra una bassa crescita per mancanza di domanda e l'esposizione al rischio di crisi in conseguenza dell'accumulo di debito, e quindi a una crescita più instabile.

Non si può allora riequilibrare la distribuzione del reddito? Quali forze hanno spinto verso una maggiore disuguaglianza? Si possono correggere? Temo che, purtroppo, la globalizzazione dell'economia mondiale sia in buona parte responsabile di questo cambiamento nella distribuzione del reddito. Perché? La distribuzione del reddito tra capitale e lavoro dipende dalla disponibilità relativa di lavoro rispetto alla disponibilità di capitale. Più lavoratori ci sono rispetto al capitale, più il lavoro costa meno. L'entrata nell'economia mondiale di paesi come la Cina – ricchi di lavoro ma poveri di capitale – ha portato a un rapido aumento del rapporto tra lavoro disponibile e capitale disponibile, riducendo la remunerazione del lavoro (particolarmente quello non specializzato) rispetto a quella del capitale (e del lavoro specializzato). Se così fosse, sarebbe difficile correggere la tendenza verso una meno equilibrata distribuzione del reddito senza rinunciare ai vantaggi di un'economia integrata a livello globale. Si potrebbe cercare di tassare di più il capitale, ma il capitale si può spostare facilmente da un paese all'altro, sfuggendo alla tassazione, soprattutto in un mondo in cui il livello di tassazione è diverso da paese a paese e non esistono meccanismi di forte coordinamento tra i sistemi di tassazione dei vari paesi.[6]

In conclusione, ci sono diverse forze che, negli anni e decenni futuri, potrebbero portare a una crescita più bassa dell'economia mondiale. In questo contesto, sarebbe più difficile crescere anche per la nostra economia.

14.
Tiriamo le somme

"E la notizia migliore di tutte secondo me è che il debito dal 2016 finalmente inizia a scendere: lo dobbiamo ai nostri figli, ai nostri nipoti."

MATTEO RENZI, Lettera agli iscritti del Pd, 4 dicembre 2015

Dopo otto anni di continuo aumento che ha portato il nostro debito pubblico a livelli di record storico, nel 2016 il rapporto tra debito e Pil dovrebbe finalmente iniziare a scendere. È una buona notizia che val la pena di citare all'inizio di questo capitolo finale del libro, un capitolo che tira le somme di quanto detto e guarda in avanti con un certo ottimismo. Quali sono le principali conclusioni che possiamo trarre?

Troppo debito pubblico fa male e noi ne abbiamo troppo

Il debito pubblico italiano, in rapporto al Pil, è sui valori più elevati dalla nascita dello stato unitario nel 1861, è tra i più alti al mondo ed eccede le soglie che sono considerate indicatrici di una significativa esposizione al rischio di crisi sui mercati finanziari. Non ce ne accorgiamo ora perché i tassi d'interesse sono bassi, ma non lo saranno per sempre e, abbiamo visto, la reazione dei mercati finanziari può essere improvvisa e violenta. Ce ne siamo accorti nel 2011 e nel 2012. Senza voler essere catastrofisti, una nuova crisi di quel genere sarebbe anche più pericolosa, visto che, nel frattempo, il debito pubblico è cresciuto ulteriormente rispetto al Pil e l'economia italiana è stata indebolita da una prolungata recessione da cui solo ora stiamo uscendo. Inoltre, il debito eccede anche le soglie oltre le quali il peso del debito penalizza la crescita potenziale dell'economia. Infine, un alto debito pubblico riduce lo spazio che abbiamo per sostenere l'economia attraverso la leva fiscale quando siamo in recessione. In conclusione, l'Italia deve cercare di ridurre il proprio debito pubblico rispetto al Pil, non tanto perché ce lo impongono le regole europee, ma perché ci conviene farlo.

Le scorciatoie non funzionano o sono poco efficaci

Abbiamo considerato diverse possibili scorciatoie alla riduzione del debito.

Ripudiare il debito pubblico sarebbe molto costoso, soprattutto perché due terzi del debito stesso sono detenuti da italiani. Ripudiare il debito vorrebbe dire tassare chi detiene la propria ricchezza in titoli di stato. Avrebbe quindi effetti recessivi. Inoltre, ne soffrirebbe la reputazione dello stato italiano come emittente. L'Italia non ha mai ripudiato il proprio debito nei suoi centocinquantacinque anni di storia unitaria.

Anche uscire dall'euro non servirebbe a molto: la presenza di una banca centrale che possa stampare moneta per ripagare il debito potrebbe ridurre il rischio di una crisi sul mercato dei titoli di stato, ma non eviterebbe la necessità di correggere i conti pubblici, a meno di essere disposti a un'inflazione elevatissima (e anche l'inflazione è una tassa). Quindi, a meno di credere che l'Italia non possa crescere finché resta nell'area dell'euro (e non credo sia questo il caso), uscire dalla moneta unica non aiuta a risolvere il problema del debito pubblico.

Mettere in comune il debito pubblico con i nostri partner europei (anche attraverso forme di garanzie congiunte volte ad abbassare il costo del debito italiano e ridurre il rischio di crisi) sarebbe bello, ma richiederebbe un grado di altruismo che non ci possiamo aspettare. Non illudiamoci.

Vendere o valorizzare le proprietà delle pubbliche amministrazioni può essere utile e può aiutare a ridurre il peso del debito pubblico ma non è sufficiente, di per sé, a portare il debito a un livello più appropriato.

La strada maestra consiste nel combinare una moderata austerità fiscale con riforme che innalzino il tasso di crescita del nostro Pil

Aumentare il tasso di crescita del Pil faciliterebbe enormemente il processo di riduzione del debito, ma ci sono diversi caveat. Primo, la maggiore crescita non può essere stimolata da un'espansione fiscale come alcuni sostengono: se si vuole andare in una direzione, non si può cominciare con l'andare in quella opposta. Non occorre una ripresa temporanea della crescita, ma un innalzamento del tasso di crescita del Pil nel lungo periodo. Secondo, servono riforme strutturali, le uniche che possono aumentare la crescita del Pil di lungo periodo, ma queste sono difficili da realizzare e richiedono tempo. Inoltre, i risultati stessi delle riforme strutturali sono incerti in termini quantitativi. Bisogna quindi essere prudenti nello stimarne l'effetto. Terzo, la crescita aiuta davvero se si risparmiano le maggiori entrate tributarie che questa comporta: se si spendono le maggiori entrate, allora l'effetto della crescita sul rapporto tra debito e Pil diventa molto più modesto.

Un moderato grado di austerità è necessario, ma non si tratta di misure draconiane. L'obiettivo operativo deve essere il pareggio di bilancio da raggiungere entro tre anni. Si tende spesso a politicizzare quest'obiettivo: da un lato, c'è chi sottolinea la sacralità del bilancio in pareggio (soprattutto in altri paesi, un po' meno in Italia); dall'altro, si rigetta l'insostenibile austerità che il pareggio di bilancio comporterebbe (c'è anche chi ha parlato di austerità come progetto politico).[1] In realtà non c'è nulla di sacro, ma neanche di demoniaco, nel mantenere il bilancio in pareggio. Dovremo farlo per ridurre il peso del debito pubblico, non perché il pareggio di bilancio sia un obiettivo di per sé. E dovremo farlo a lungo ma non per sempre. Un bilancio in pareggio non è né di destra né di sinistra: la colorazione politica potrà influire sugli strumenti per raggiungerlo e mantenerlo, ma non si capisce perché rispettare il vincolo di bilancio debba avere connotazioni politiche. In realtà, non le ha certo avute in passato, dato che sia la destra sia la sinistra non hanno eccelso, per usare un eufemismo, nel bilanciare i conti pubblici italiani.

Rispetto a uno scenario in cui la spesa cresce in linea con il Pil potenziale (e non con il Pil effettivo, che crescerà più rapidamente in una fase di ripresa congiunturale), pareggiare il bilancio richiede misure di circa lo 0,8 per cento del Pil distribuite nell'arco di tre anni, quindi con un effetto restrittivo limitato sulla crescita della domanda e del Pil di breve periodo. Questo è quanto previsto nel quadro della Nota di aggiustamento al documento di economia e finanza del settembre 2015 e con la legge di stabilità per il 2016. Il debito scenderebbe nei prossimi tre anni di 3 punti percentuali all'anno. È una velocità appropriata. È abbastanza grande per essere interpretabile dagli investitori come il riflesso di scelte politiche (e non di semplici fluttuazioni statistiche), ed è anche in linea con la velocità di riduzione prevista dalle regole europee.

Questi obiettivi possono essere raggiunti senza alzare le tasse. Quel che è richiesto è di mantenere la spesa primaria costante in termini reali tra il 2016 e il 2019 (dopodiché potrebbe riprendere a crescere in linea con il Pil). Quindi, non sarebbe necessario tagliare i servizi forniti ai cittadini. Basterebbe non spendere le maggiori entrate che derivano dalla maggiore crescita prevista per i prossimi anni. Questo dovrebbe consentire di pareggiare il bilancio delle pubbliche amministrazioni entro il 2019. Si tratterebbe poi di mantenerlo in pareggio, ma solo al netto degli effetti del ciclo economico: recessioni porterebbero il bilancio in deficit, ma dovrebbero essere compensate dai surplus nelle fasi alte del ciclo economico. Se così si facesse, il debito pubblico si ridurrebbe a un passo regolare, scendendo sotto il 90 per cento del Pil nel 2029, pienamente in linea con quanto richiesto dalla regola europea di discesa del debito. Questa politica non richiede sforzi tali da penalizzare la crescita potenziale dell'economia. E rispetto ad altri paesi che pure stanno cercando di ridurre il proprio debito pubblico saremo avvantaggiati dalle riforme delle pensioni già introdotte negli ultimi due decenni, sempre che non le smontiamo. Certo, il debito resterebbe elevato per parecchi anni. Una discesa più rapida potrebbe essere ottenuta con dismissioni del patrimonio pubblico. In ogni caso, se il debito fosse in chiara discesa, i rischi e i costi connessi a ogni livello di debito sarebbero molto attenuati.

Qualche considerazione finale su quello che serve

Ridurre il debito pubblico non sarà facile ma non è impossibile. Mantenere il bilancio in pareggio, in media, per diversi anni richiede una persistenza d'intenti che raramente abbiamo osservato nella storia d'Italia. Dall'Unità, il debito è sceso decisamente nei vent'anni precedenti la Prima guerra mondiale e nel periodo fra le due guerre. È sceso anche nel secondo dopoguerra, ma questa volta come risultato di un'ondata inflazionistica. Nei decenni più recenti, periodi di tassi d'interesse bassi sono stati in buona parte sprecati e si è allentato l'aggiustamento fiscale non appena è stato possibile, arrivando così alla crisi del 2008-2009 con un debito ancora nell'ordine del 100 per cento del Pil.

Questo errore non deve essere ripetuto. È proprio quando i tassi d'interesse sono bassi che si può procedere più facilmente alla riduzione del debito. Se si prova a farlo quando i tassi d'interesse sono alti, l'economia soffre doppiamente (a causa della restrizione monetaria e di quella fiscale). E se il Pil, in conseguenza, comincia a scendere rapidamente, la correzione fiscale diventa anche meno credibile. Occorre dunque agire intanto che i tassi d'interesse sono bassi. Come lo sono ora.

Persistenza di intenti vuole anche dire non cambiare gli obiettivi fiscali di frequente (a meno di shock economici violenti). Cambiare ogni anno i piani di aggiustamento fiscale a medio termine rende i piani stessi poco credibili.

C'è sempre un buon motivo – politico o economico – per rinviare l'aggiustamento fiscale, magari spendendo le risorse aggiuntive che derivano da una maggiore crescita. Ma se si cade in tentazione, non riusciremo a risolvere il problema del debito pubblico. Occorre invece una visione di lungo termine.

Insomma, per farcela dobbiamo comportarci in modo diverso dal passato. Non sono tra quelli che pensano che cambiare non sia possibile e che siamo geneticamente condannati a vivere con un debito pubblico alto. Credo che possiamo farcela. Altri paesi (il Canada, il Belgio, il Regno Unito, Israele, la Svezia, per fare qualche esempio) sono riusciti a ridurre nel tempo il peso del debito pubblico partendo da livelli molto alti. Quello che serve è avviare un circolo virtuoso in cui la riduzione del debito, e la fiducia che ne deriva, faciliti la crescita, quest'ultima aumenti le entrate dello stato, accelerando il processo di riduzione del debito stesso, anche attraverso il minore pagamento di interessi. Le riforme strutturali potranno facilitare questo processo. Certo, ci vorranno tempo e pazienza, ma occorre crederci se vogliamo evitare di restare per sempre schiavi del debito e dei mercati finanziari.

Note

1. Il debito pubblico italiano: una cifra astronomica...

[1] In realtà, nella citazione qui riportata il fisico americano Feynman si riferiva al deficit pubblico, che però, in quasi tutti i paesi (compreso negli Stati Uniti, cui la frase si riferisce), è molto più piccolo del debito pubblico.

[2] Mi accorgo, mesi dopo aver scritto questo capitolo, che anche il celebre storico Niall Ferguson inizia il capitolo 4 del suo libro *The Cash Nexus* (Basic Books, 2001), parlando dell'orologio del debito di Manhattan. Non vorrei essere citato per plagio: si tratta di una coincidenza!

[3] L'approssimazione deriva dal fatto che talvolta il debito aumenta (o cala) anche per voci che non sono incluse nel deficit, per lo meno nelle definizioni statistiche adottate ufficialmente per quest'ultimo. Per esempio, lo stato può indebitarsi per acquisire attività finanziarie e il finanziamento di questa spesa, pur non essendo incluso nel deficit, aumenta il debito. Le differenze tra deficit e variazione del debito sono spesso al centro di accese discussioni. La Banca d'Italia pubblica ogni anno nell'Appendice alla sua Relazione annuale una tavola che presenta il raccordo tra deficit (chiamato in Italia "indebitamento netto", il che confonde un po' le idee) e variazione del debito (la tavola a11.9 nella Relazione sul 2014 pubblicata a fine maggio del 2015).

[4] Come vedremo nel capitolo 10, le pubbliche amministrazioni italiane hanno attività finanziarie e reali molto maggiori, ma qui si considerano solo (per Giappone, Italia e Grecia) le attività finanziarie in forma relativamente liquida.

[5] Un'altra complicazione deriva dal fatto che nel mondo moderno la banca centrale non emette solo banconote. Emette anche (anzi prevalentemente) "depositi", cioè debiti che la banca centrale contrae solitamente con le banche, su cui, come per le banconote, non paga interesse a tassi di mercato (anche perché spesso sono depositi obbligatori). Concettualmente sono la stessa cosa delle banconote: le banche ricevono un documento che attesta il loro deposito che non rende un tasso di mercato, come le banconote.

[6] Per esempio, il 10 dicembre 2015 Milena Gabanelli scriveva sul "Corriere della Sera" che i derivati sono "già costati all'erario negli ultimi 4 anni 16,9 miliardi" e che la perdita potenziale è di 40 miliardi.

[7] C'è una formula matematica che riassume tutto questo e che è ben nota a chi si occupa di finanza pubblica: la variazione del rapporto tra debito e Pil è uguale al deficit primario (in rapporto al Pil) più la differenza fra il tasso di interesse sul debito pubblico e il tasso di crescita del Pil nominale (quest'ultima differenza scalata da 1 più il tasso di crescita del Pil stesso).

[8] Questo calcolo assume che la crescita del Pil sarebbe stata sostanzialmente invariata nel periodo considerato anche se il surplus primario fosse rimasto ai livelli raggiunti a fine anni novanta senza quella espansione fiscale che invece si verificò. Il che è probabilmente realistico: a parità di altre condizioni, una espansione fiscale causa sì un aumento della crescita nel breve periodo, ma qui si sta considerando un intervallo di diversi anni in cui la minor spesa privata, sostenuta da tassi d'interesse più alti (legati all'espansione fiscale), avrebbe potuto compensare la maggiore spesa pubblica.

[9] Il lavoro è intitolato *The Origins of the Sovereign Debt of Italy: a Common Pool Issue?*, è circolato nel 2012 e lo potrete trovare al sito http://econpapers.repec.org/article/eeejpolmo/v_3a36_3ay_3a2014_3ai_3a1_3ap_3a43-62.htm

[10] Si veda per esempio la nota *Il debito pubblico regionalizzato*, pubblicata su "Plancia-Strumento di Management Politico" il 29 gennaio 2014.

2. Quando il debito pubblico causa una crisi finanziaria?

[1] La possibilità di arbitraggio derivava, in teoria, dal fatto che il tasso di cambio utilizzato per determinare il prezzo dei cosiddetti "buoni di risposta internazionali" (che si potevano comprare in un paese, spedire in un altro e convertire in francobolli in modo da consentire una risposta prepagata) non era allineato ai tassi di cambio di mercato dopo la Grande guerra. La possibilità di guadagno esisteva ma, in pratica, la quantità dei buoni disponibili era molto inferiore a quella necessaria a garantire profitti della dimensione necessaria per pagare gli altissimi interessi promessi da Ponzi. Chi ne vuole sapere di più può leggere il libro di Mitchell Zuckoff, *Ponzi's Scheme: The True Story of a Financial Legend*, Random House, 2006.

[2] Il lettore più sofisticato si sarà accorto che nel definire il criterio di sostenibilità del debito pubblico mi sono mosso dalla condizione che lo stato non gestisca uno schema Ponzi a una condizione leggermente diversa, la stabilità del rapporto tra debito e Pil. Non sono esattamente la stessa cosa. La condizione che lo stato non gestisca uno schema Ponzi è equivalente al rispetto del cosiddetto vincolo di bilancio intertemporale che richiede che il valore attuale della somma dei surplus primari futuri sia almeno uguale al valore attuale del debito. Si può provare che questa condizione è soddisfatta quando il rapporto tra debito e Pil è costante nel tempo, purché il tasso di interesse sul debito sia superiore al tasso di crescita dell'economia. Se quest'ultima condizione non è soddisfatta (e non lo è, per esempio, in molti paesi emergenti), la stabilità del rapporto tra debito e Pil non è equivalente al rispetto del vincolo di bilancio intertemporale: in questo caso un paese può mantenere un rapporto tra debito e Pil costante in presenza di un deficit primario. Tuttavia, la stabilità di tale rapporto è comunque considerata indicativa della solvibilità dello stato perché il Pil è una specie di "garanzia" della possibilità per lo stato di pagare il proprio debito, o almeno gli interessi su questo (alcuni dicono che in questo caso lo stato sta gestendo un "honest Ponzi game", uno schema Ponzi "onesto"). Per una trattazione tecnica di questa que-

stione potete leggere *Government Ponzi Games and the Sustainability of Public Deficits under Uncertainty* di Leonardo Bartolini e Carlo Cottarelli, "Ricerche Economiche", n. 48, 1994, pp. 1-22.

3. *Quando il debito pubblico riduce la crescita economica?*

[1] Non è chiaro quanto Keynes considerasse problematica un'accumulazione di debito pubblico. Secondo Abba Lerner, in un incontro che ebbe luogo nel 1943 tra economisti dell'epoca a Washington, in risposta alla sua tesi che una mancanza di domanda aggregata poteva essere compensata anche per lunghi periodi dalla spesa pubblica finanziata da debito, Keynes rispose: "Vuoi dire che il debito pubblico continuerà a crescere, questa è una frottola... il debito pubblico non può continuare a crescere". Questo episodio è documentato nel volume *The Coming of Keynesianism to America: Conversations with the Founders of Keynesian Economics*, curato da David C. Colander e Harry Landreth, Elgar, Cheltenham (UK), 1996, p. 109. Tuttavia, lo stesso volume riporta l'opinione di Alvin Hansen secondo cui "Keynes non è stato mai interessato al debito pubblico; non ha mai discusso in modo serio e sistematico del debito, per quanto mi ricordo" (p. 105). Su questo tema si veda anche lo studio di Tony Aspromourgos in *Keynes, Lerner and the Question of Public Debt*, "History of Political Economy", vol. 46, n. 3, 2014, pp. 409-433.

[2] Modelli di questo tipo sono per esempio contenuti nel lavoro di Olivier Blanchard che trovate al sito http://www.nber.org/papers/w1265.pdf. Si noti che in alcuni modelli economici il tasso di interesse dipende non dal debito pubblico, ma dal deficit pubblico. Non fa una grande differenza. Infatti dato un certo tasso di crescita del Pil nominale esiste una relazione stabile tra il rapporto tra debito e Pil e il rapporto tra deficit e Pil, nel senso che se il secondo rapporto è costante anche il primo rapporto converge nel tempo a un certo valore costante. Per esempio, per un tasso di crescita del Pil nominale del 3,5 per cento, un rapporto tra deficit e Pil del 4 per cento comporta un rapporto tra debito e Pil di circa il 120 per cento, mentre un rapporto tra deficit e Pil del 2 per cento comporta un rapporto tra debito e Pil di circa il 60 per cento.

[3] Potrete trovare il discorso da cui è tratta questa citazione, intitolato *The Paydown of Federal Debt*, sul sito della Federal Reserve (http://www.federalreserve.gov/BOARDDOCS/Speeches/2001/20010427/default.htm)

[4] Uno dei lavori più citati in proposito era quello di Carmen Reinhart e del premio Nobel Kenneth Rogoff (che trovate al sito http://www.nber.org/papers/w15639). In realtà, è stato poi dimostrato che questo lavoro, oltre a essere basato su una metodologia inadeguata (perché non teneva conto dell'effetto della bassa crescita sul debito), era anche viziato da errori di calcolo (anche i premi Nobel sbagliano!). Altri studi, utilizzando metodi più adeguati, hanno però raggiunto risultati simili; tra questi un lavoro di Cristina Checherita e Philipp Rother della Banca centrale europea (vedi https://www.ecb.europa.eu/pub/pdf/scpwps/ecbwp1237.pdf) che individua una soglia del 70-80 per cento del Pil. Altri lavori che raggiungono le stesse conclusioni sono citati in un articolo che ho scritto con Laura Jaramillo e che trovate al sito https://www.imf.org/external/pubs/ft/wp/2012/wp12137.pdf.

4. *Debito pubblico e morale*

[1] Questo punto è sollevato anche nel libro di David Graeber, *Debt – The First 5000 Years*, Melville House, New York, 2011, soprattutto pp. 56-57 e 77, dove la stessa osservazione sulla natura del debito come colpa viene attribuita al filosofo tedesco Friedrich Nietzsche. Ma Graber nota che una simile radice delle parole "debito" e "peccato" o "colpa" è presente anche in altre lingue europee (p. 120) e persino (p. 57) nei primi documenti storici ancora esistenti (i Poemi Vedici del Secondo millennio prima di Cristo).

[2] Da notare che anche gli italiani sono stati tipicamente avversi all'accumulo di debito. Il debito del settore privato italiano è storicamente basso rispetto a quello degli altri paesi. Ma, quando si parla di debito pubblico, gli italiani sembrano avere gusti diversi.

[3] Come discusso per esempio in http://quoteinvestigator.com/2013/05/15/cicero-budget/.

[4] Il testo completo dei due discorsi di Berlinguer sull'austerità è stato ristampato nel 2014 nel volumetto *Berlinguer – L'austerità giusta*, a cura di Giulio Marcon, Jaka Book.

6. *Prima soluzione: Basta euro!*

[1] Il lettore interessato può leggere, per esempio, *Self-fulfilling Crises in the Eurozone: An Empirical Test* che trovate al sito http://www.sciencedirect.com/science/article/pii/S0261560612001829 (scritto con Youemei Ji).

[2] http://www.bastaeuro.org/libro/files/assets/basic-html/page1.html, in particolare, p. 13.

[3] In termini più tecnici, la base monetaria (banconote e altre passività monetarie della banca centrale) è generalmente bassa rispetto al Pil nelle economie avanzate.

[4] Anni fa ho studiato la questione in dettaglio con due miei colleghi del Fondo monetario internazionale (*The Non-Monetary Determinants of Inflation-A Panel Data Study*, IMF Working Paper 98/23 di Carlo Cottarelli, Mark Griffiths e Reza Moghadam).

[5] I risultati dell'analisi sono pubblicati nel "Fiscal Monitor" dell'aprile 2013, in particolare alle pagine 30-31.

[6] La teoria delle *optimum currency areas* è stata introdotta da Robert Mundell nel 1961 in un lavoro pubblicato sull'"American Economic Review". Molti sostengono che in quel lavoro Mundell avesse previsto che una moneta unica in Europa non avrebbe avuto futuro. In realtà, Mundell sosteneva che l'ottimalità di un (futuro) euro sarebbe dipesa dai fattori empirici sopra discussi. Mundell era invece più netto nel concludere che il Canada non costituiva una *optimum currency area* perché i cicli economici tra le diverse regioni canadesi non erano sincronizzati e la mobilità di capitale e lavoro non erano sufficienti. Insomma, Mundell alla fine sosteneva che il dollaro canadese non aveva futuro...

[7] Il gap è più ampio se si include il periodo 2009-2014, ma questo è dovuto alla crisi che ha colpito l'Italia più pesantemente degli altri paesi e che dovrebbe avere una forte componente temporanea.

[8] Si fa spesso troppa confusione tra produttività e competitività. Se non sono competitivo, non riesco a vendere i miei prodotti. Ma se non produco, non ho

niente da vendere. Essere competitivo attraverso un tasso di cambio appropriato non equivale a crescere. La crescita dipende dall'aumento della produttività. Naturalmente ci sono legami tra competitività e produttività (se non sono competitivo non investo, e questo avrà effetto sulla produttività) ma si tratta di concetti distinti.

[9] Usando un linguaggio un po' più tecnico, l'apprezzamento del cambio reale misurato in termini di costo del lavoro per unità di prodotto, che è quello che ha ridotto la competitività italiana, può essere corretto attraverso un deprezzamento del cambio (che richiederebbe un'uscita dall'euro) o attraverso una "svalutazione interna", ossia una crescita dei salari inferiore alla crescita della produttività. Gli effetti in termini di salario reale però sono gli stessi. Le due strade (svalutazione del cambio e svalutazione interna) non sono però del tutto equivalenti. La svalutazione interna porta a una deflazione e, se questo riduce le aspettative di inflazione, i tassi d'interesse reali aumentano riducendo la domanda aggregata. Il che può ridurre l'effetto del miglioramento di competitività in termini di crescita, richiedendo, in generale, politiche più espansive nell'intera area dell'euro, come sostenuto in un recente lavoro prodotto dallo staff del Fondo monetario internazionale, che trovate al sito https://www.imf.org/external/pubs/ft/sdn/2015/sdn1522.pdf. Questo problema però sorge solo se le aspettative d'inflazione cambiano in conseguenza di quello che dovrebbe essere invece solo un temporaneo calo dell'inflazione.

[10] C'è chi sostiene che un cambiamento della valuta in cui è denominato il debito (dall'euro alla nuova lira) non costituirebbe un default (tra questi Alberto Bagnai nel già citato *Il Tramonto dell'euro*; p. 346). Nella pratica internazionale, quella seguita delle agenzie di rating, però, qualunque cambiamento dei termini del contratto, compresa la conversione in una nuova valuta, viene considerato default. In ogni caso, la sostanza economica è che una ridenominazione in una valuta soggetta a rapida svalutazione porterebbe a una perdita per i detentori di titoli italiani simile a quella che si avrebbe nel caso di un ripudio del debito.

7. Seconda soluzione: Non si paga!

[1] La citazione è proprio all'inizio del bestseller di Graeber, *Debt – The First 5000 Years*, Melville House, 2011, p. 2.

[2] Alla Grecia si sono aggiunti, formalmente anche se non sostanzialmente, Portogallo e Irlanda nell'aprile del 2013, quando hanno ottenuto un miglioramento delle condizioni sui prestiti ricevuti in precedenza dalle istituzioni europee. Ma in questo caso si è trattato di cambiamenti modesti, introdotti più che altro per evitare che solo la Grecia beneficiasse di un ammorbidimento dei termini dei prestiti iniziali.

[3] Mody parla della necessità di una ristrutturazione "Uruguay-style", con un allungamento delle scadenze del debito (http://bruegel.org/2014/10/its-true-italy-breaks-your-heart/). Lachman dice che è molto dubbio se paesi come Italia, Irlanda e Portogallo riusciranno a mantenere un surplus primario tanto alto quanto quello necessario a rendere il debito sostenibile ("Financial Times", 8 gennaio 2015).

[4] Il ripudio del debito comunque non evita la necessità di una stretta fiscale di tipo più tradizionale. Se un paese ha un deficit primario (cioè anche al netto degli interessi) dovrà comunque eliminare quel deficit primario anche se cancella completamente il debito. Infatti, cancellare il debito vuol dire, almeno per qualche tempo, non riuscire più a prendere a prestito dai mercati, il che obbliga

ad avere un bilancio in pareggio. Vedremo da vicino un caso simile parlando della Grecia nel capitolo 8. Tenete anche conto che ristrutturare il debito non significa azzerare completamente la spesa per interessi perché, anche nei casi più estremi di ristrutturazione, il debito non viene mai azzerato completamente e comporterà sempre un pagamento di interessi, anche se ridotto.

8. La crisi greca

[1] Fra l'altro, chi aveva prestato ad Atene lo aveva fatto a tassi d'interesse piuttosto bassi nel clima dell'entusiasmo per la moneta unica, per cui non è che si potesse dire che le banche, se ripagate, avrebbero beneficiato di un enorme regalo.

9. Terza soluzione: Mutualizziamo il debito

[1] Fra l'altro, quasi tutte le aree monetarie coincidono con unioni politiche. Qui il confronto è fatto con gli stati federali perché sono le forme meno intense di unione politica, e quindi più facilmente confrontabili con l'Unione europea, che è una forma ancora più attenuata (molto più attenuata) di unione politica.

[2] La proposta del Fondo monetario si trova al sito https://www.imf.org/external/pubs/ft/sdn/2013/sdn1309tn.pdf.

[3] Questo punto è discusso nel capitolo 2 del libro *Designing a European Fiscal Union: Lessons from the Experience of Fiscal Federations*, curato dallo scrivente e da Martine Guerguil, Routledge, 2015.

[4] Trovate un sommario di queste proposte al sito https://www.imf.org/external/pubs/ft/wp/2012/wp12172.pdf.

[5] Una proposta italiana in questa direzione è stata avanzata da Romano Prodi e Alberto Quadrio Curzio con una lettera pubblicata sul "Sole-24 Ore" il 23 agosto 2011.

[6] Fa eccezione l'Austria dove il governo centrale prende a prestito (e presta) le risorse necessarie ai membri della federazione. Ma si tratta di casi rari. Questo tema è discusso nel capitolo 5 del libro *Designing a European Fiscal Union: Lessons from the experience of fiscal federations*, cit.

[7] Nel caso italiano, la creazione del regno unitario portò alla trasformazione del debito dei vari stati preunitari in un unico debito nazionale, ma il Regno sabaudo, lo stato leader dell'unificazione, aveva un debito più elevato degli altri stati preunitari, soprattutto del Regno delle due Sicilie (come raccontato da Floriana Cerniglia in un articolo pubblicato sugli "Annali di Storia Moderna e Contemporanea", n. 1 del 1995 (il titolo è *Stato unitario, ragioni politiche e regole economiche: il divario regionale nello Stato unitario dal 1861 al 1887*). Il rimpiazzo del debito dei singoli stati con debito comune, quindi, non fu proprio un gesto altruista.

[8] Trovate la più recente versione di questa proposta al sito: www.voxeu.org/sites/default/files/Geneva_Special_Report_3.pdf

10. Quarta soluzione: I gioielli della Corona

[1] Yogi Berra era un giocatore di baseball italo-americano celebre per le sue frasi lapalissiane ma comunque efficaci. La frase riportata però non sembra sia

mai stata davvero pronunciata da Berra, anche se è spesso elencata tra gli yogiberrismi.

[2] Nelle sue statistiche l'Ocse riporta un valore molto più elevato per la ricchezza non finanziaria delle pubbliche amministrazioni a prezzi di mercato: 892 miliardi, la maggior parte dei quali è costituita da edifici.

[3] http://www.itaca.org/documenti/news/relazione%20reviglio%2029%2009%2011.pdf. In precedenza, Domenico Siniscalco, allora direttore generale del Tesoro, aveva pubblicato una stima molto più bassa (805 miliardi), ma questa era relativa a fine 2000, con alcune componenti stimate addirittura sulla base di dati che risalivano a metà degli anni ottanta. (http://www.dt.tesoro.it/export/sites/sitodt/modules/documenti_it/eventi/eventi/Prof.-Siniscalco-14-maggio-2002.pdf).

[4] Una efficace presentazione delle privatizzazioni in questo periodo si trova nell'articolo di Stefano Micossi al sito http://www.italianieuropei.it/tablet/item/202-le-privatizzazioni-in-italia-qualche-utile-lezione.html

11. Quinta soluzione: Austerità

[1] Un esempio è costituito dalle spese per le missioni di pace all'estero che spesso vengono stanziate solo per un anno. Arrivati a fine anno con la nuova legge di stabilità occorre quindi approvare un nuovo stanziamento. Ma non è un aumento di spesa rispetto all'anno precedente.

[2] Il lettore più attento potrebbe notare che la difficoltà del rapporto tra debito e Pil a scendere più rapidamente (anzi, il suo iniziale aumento) è dovuta al fatto che il debito all'inizio è alto. Una data riduzione del debito in termini di euro causa una minore riduzione percentuale del debito stesso (il numeratore del rapporto tra debito e Pil), se il debito è alto. La variazione percentuale del denominatore (il Pil) è invece la stessa e, visto che la variazione di un rapporto dipende dalla variazione percentuale del numeratore rispetto a quella del denominatore, paesi che partono da un rapporto tra debito e Pil più basso riusciranno anche a ridurlo più rapidamente, a parità di stretta fiscale, purtroppo per noi.

[3] Trovate questo lavoro, scritto con una collega del Fondo monetario internazionale (Laura Jaramillo), al sito http://www.rei.unipg.it/rei/article/view/113/117.

[4] La crescita potenziale è stimata sulla base della metodologia concordata in sede europea. Sembra piuttosto bassa. Nel caso in cui la crescita potenziale ed effettiva fosse più alta, anche la crescita della spesa potrebbe essere più elevata, a parità di deficit.

[5] Il calcolo è un po' complicato, ma fidatevi! Sento già chi dice: sì, ma questo succederebbe solo se la crescita del Pil fosse quella ipotizzata. Vero, ma è anche vero che, se crescessimo meno per motivi contingenti, il pareggio di bilancio sarebbe solo ritardato. A meno di uno shock che colpisca non il Pil effettivo, ma quello potenziale, verso cui il Pil effettivo prima o poi converge, dovremmo farcela. Ci sono delle incertezze su questa dinamica (compreso nel capire quali sono il nostro Pil potenziale e il suo tasso di crescita) e torneremo su questo nel capitolo 13 soprattutto rispetto all'effetto delle riforme sulla crescita potenziale.

[6] La crescita in questo periodo, a parità di altre condizioni, ne risentirebbe un po'. Assumendo, come prima, che per ogni 0,1 di riduzione annuale del deficit il tasso di crescita del Pil scenda dello 0,1 per cento (assumendo quindi come in precedenza un moltiplicatore fiscale di uno), la crescita annuale sarebbe più bassa dello 0,2-0,3 per cento per tre anni. Non mi sembra tanto e l'effetto sul Pil dovrebbe attenuarsi nel corso del tempo.

[7] Sono di questo parere Alberto Alesina, Omar Barbiero, Carlo Favero, Francesco Giavazzi, Matteo Paradisi (http://www.nber.org/papers/w20827).

[8] Trovate questi risultati e ulteriori riferimenti bibliografici nella edizione dell'aprile 2013 del Fiscal Monitor (http://www.imf.org/external/pubs/ft/fm/2013/01/fmindex.htm), pp. 25-29.

[9] Quello reale, abbiamo visto, è sceso di circa il 10 per cento, ma questa discesa è stata compensata dall'inflazione.

[10] http://www.criticasociale.net/index.php?&function=editoriale_page&id=0000326#.VlRVunarSUk

12. Le regole fiscali dell'Europa e della Costituzione italiana

[1] Il dipartimento di Finanza pubblica del Fondo monetario internazionale ha censito le regole fiscali esistenti nel mondo. Lo studio iniziale risale al 2009 (https://www.imf.org/external/np/pp/eng/2009/121609.pdf) ma la relativa banca dati è stata mantenuta aggiornata.

[2] È una lettura interessante, soprattutto se soffrite di insonnia in una lunga notte di inverno: http://ec.europa.eu/economy_finance/publications/occasional_paper/2013/pdf/ocp151_en.pdf

[3] Per esempio, l'obiettivo di medio termine e la velocità alla quale il deficit deve convergere verso questo obiettivo sono calcolati sulla base del deficit strutturale. A essere pignoli, il pareggio di bilancio strutturale non è esattamente il pareggio di bilancio al netto del ciclo economico perché, per calcolare la posizione di bilancio "strutturale", occorre depurare i dati non solo dagli effetti del ciclo economico, ma anche dalle operazioni una tantum. Per semplicità, però, qui e nel resto del libro ho utilizzato i due termini come se fossero sinonimi. Non fa molta differenza perché le operazioni una tantum di solito sono poco rilevanti. Da notare, infine, che la maggiore flessibilità introdotta nelle regole è attenuata da una metodologia molto (anzi, troppo) prudente per valutare la crescita potenziale, che serve a calcolare il deficit strutturale. Se la crescita potenziale stimata è bassa, le spese devono crescere a un tasso più moderato. Mi sono occupato di questo problema in una nota che trovate al sito: http://www.voxeu.org/article/assessing-compliance-stability-and-growth-pact-s-rules.

[4] Tralascio alcune complicazioni, per esempio, il fatto che la regola va valutata nella media di tre anni, che può essere valutata nei tre anni precedenti oppure nei tre anni successivi eccetera, tutte cose che danno flessibilità nel breve periodo ma non cambiano la dinamica di lungo periodo che è quella che ci interessa.

[5] Più precisamente, dovremo avere un deficit quando il Pil è inferiore al Pil potenziale, mentre dovremo avere un surplus quando il Pil è superiore al potenziale (e l'economia si sta surriscaldando).

13. Sesta soluzione: L'effetto della crescita economica sul debito

[1] Anche negli anni sessanta si parlava tanto di riforme strutturali. Ma molte delle riforme introdotte allora – quelle del primo centrosinistra per esempio – vanno nella direzione opposta rispetto a quelle di cui si parla ora.

[2] Anche nelle aree citate ai punti successivi ci sono stati progressi negli ulti-

mi anni. Cito qui solo la riforma del mercato del lavoro perché è forse quella che ha attirato più attenzione.

[3] Trovate un'analisi più sistematica del ruolo della crescita negli episodi di riduzione del debito in uno studio del dipartimento di Ricerca del Fondo monetario internazionale pubblicato nel "World Economic Outlook" dell'ottobre 2012.

[4] Per esempio, il recente studio dal titolo *Anchoring Growth: The Importance of Productivity-enhancing Reforms in Emerging Market and Developing economies*, scritto da economisti del Fondo monetario internazionale (Era Dabla-Norris, Giang Ho, Kalpana Kochhar, Annette Kyobe e Robert Tchaidze) pubblicato sul secondo numero del 2014 del "Journal of International Commerce, Economics and Policy".

[5] Un secondo aspetto di cui bisogna tenere conto è lo spostamento del reddito verso i paesi emergenti come la Cina. Il Pil cinese è aumentato enormemente negli ultimi dieci anni, ma la propensione al consumo delle famiglie cinesi è piuttosto bassa, per cui al maggiore Pil cinese non è corrisposto un pari aumento della domanda. Anche questo può contribuire a deprimere la domanda mondiale.

[6] In ogni caso, alla fine chi paga una tassa non è necessariamente l'operatore su cui viene imposta, perché i prezzi dei fattori (capitale e lavoro) possono cambiare per attenuare o annullare l'effetto della tassa, quello che gli economisti chiamano il problema della "traslazione" della tassazione.

14. Tiriamo le somme

[1] *Unione Europea. L'austerità come progetto politico* è il titolo del terzo capitolo del libro *Il denaro, il debito e la doppia crisi* uscito nel 2015, scritto dal sociologo Luciano Gallino, pubblicato da Einaudi.

Indice